2ᵉ édition

P. Dumont

MONTE-CARLO

Le Prince
rouge et noir

ET SA COUR

Illustré de quinze Portraits

TRADUCTION EN ANGLAIS, ALLEMAND, ITALIEN, ESPAGNOL ET RUSSE

Droits de reproduction et de traduction formellement interdits

EN VENTE PARTOUT

2, RUE D

LE

PRINCE ROUGE ET NOIR

ET

SA COUR

MONTE-CARLO

Le Prince rouge et noir

ET SA COUR

Illustré de quinze Portraits

TRADUCTION EN ANGLAIS, ALLEMAND, ITALIEN, ESPAGNOL ET RUSSE

Droits de reproduction et de traduction formellement interdits

EN VENTE PARTOUT ET CHEZ L'AUTEUR

2, RUE DES PYRAMIDES, 2

PARIS

INTRODUCTION

PÉTITION INTERNATIONALE

La fermeture des Jeux

Sur Monte-Carlo on a écrit, en France, une dizaine de volumes, et un millier d'articles de journaux.

Il en est, parmi les uns et les autres, qui furent publiés dans l'intérêt du public ; la plupart furent écrits dans l'intérêt des propriétaires du tripot, ou des journaux.

Jusqu'à présent, grâce à l'indolence de nos compatriotes, indolence coupable qui confine à la complicité, les tenanciers du tripot de Monte-Carlo se sont fort peu souciés de ce qu'on pouvait dire ou écrire contre leur industrieux commerce.

Les successeurs, enfants et gendres du père François Blanc, savent bien qu'on ne prend rien au sérieux dans ce beau pays de France, comme dit la chanson.

Et c'est de notre légèreté que les enfants, après le père, profitent pour drainer dans leurs coffres les capitaux des deux mondes.

Ils savent bien que, trop crédule quand il s'agit de vétilles, le Français n'ajoute foi à rien lorsqu'il est question de péril national ; s'il s'en occupe, c'est pour hausser les épaules et dire : « Bah ! » ou bien : « C'est amusant. »

Et c'est tout. L'article du journal est jeté, le volume remis en place et vous pouvez crier : « Casse-cou ! » On ne vous entend plus ; bien mieux, on n'écoute plus.

Sans compter les communiqués officieux à nombre de journaux achetés fort cher, qui ont pour mission, par des démentis adroits, de jeter le trouble et le doute dans l'esprit du public.

Peu à peu même, la classe de la société la plus sensée, en vient sincèrement à se demander dans quel but fut réellement écrit l'article ou le volume qui l'a inquiété.

Quelques jours plus tard, les mots : *Diffamation et Chantage* sont habilement placés, et... la farce est jouée.

Le voleur est salué chapeau bas, et celui

qui l'a signalé est perdu dans l'estime de ses concitoyens.

Ainsi va le monde, dans les dernières années du siècle.

Au fond, il s'agit plus que jamais de la vieille pièce de Ponsard : *L'Honneur et l'Argent*.

Plus que jamais, l'intelligence et la loyauté, ces deux puissances, sont en lutte ouverte avec l'or, la suprême puissance de notre temps, où tout est à l'encan.

Pour ne pas divulguer les infamies dont on a pu être témoin à Monte-Carlo, l'administration des jeux vous payera.

Que si vous êtes insensible à l'appât des banknotes, et si vous repoussez avec mépris les propositions dont vous êtes l'objet, on répandra habilement le bruit que vous agissez dans un but de *chantage*, et une fois encore l'or aura vaincu l'honnêteté.

On ne fera jamais croire au public que vous pouvez avoir raison à vous seul, quand vingt feuilles réputées honnêtes vous donnent tort.

Et il est si facile de faire croire à la foule que des vessies sont des lanternes, et les successeurs du père Blanc d'honnêtes gens !

Il suffit pour cela de les montrer tels qu'ils sont.

On crie au viol de la vie privée.

Pourtant, il faudrait s'entendre une fois pour toutes.

Louis XIV disait : l'État, c'est moi.

Je dis moi : Monte-Carlo, c'est eux.

Il m'est impossible de faire une étude sérieuse et complète de cette maison de jeux trop célèbre sans dire : Voici l'homme qui l'a créée, voici comment il vécut, tels sont les enfants de cet homme.

Le fabuliste a dit :

A l'œuvre on connaît l'artisan.

Eh bien ! j'en fais le public juge :

Quels peuvent être les artisans de cette œuvre infernale, et au suprême degré malsaine, qui ruine et désole les familles et qui amène avec son cortège de faux, d'escroqueries et de vols, le suicide ou la mort du malheureux joueur dépouillé ?

Des gens qui vivent de la ruine d'autrui *sont-ils honnêtes ?*

Sont-ils intéressants au point qu'un honnête homme dise même :

« Laissez-les en repos, ne vous inquiétez pas d'eux, ils n'en valent pas la peine ? » Si, vraiment, ils en valent la peine. Le Comité de l'hygiène publique s'occupe des maladies contagieuses. S'il est une œuvre d'assainissement nécessaire, n'est-ce pas celle-là ?

L'hygiène nationale est en jeu. Que le Parlement français se mette à l'œuvre et supprime l'épidémie en supprimant ceux qui la propagent.

N'oublions pas qu'à l'étranger le Français n'est pas aimé.

N'oublions pas qu'à l'étranger on se dit, avec une apparence de raison, que la principauté de Monaco n'est que théorique, mais qu'en réalité elle est terre française.

N'oublions pas que, de tous les États civilisés, le gouvernement français est le seul qui tolère chez lui, — oui, chez lui — les jeux de hasard : la *Roulette* et le *Trente et Quarante*.

Le jour où Monte-Carlo n'existera plus, le monde entier applaudira.

C'est la honte de notre siècle et de notre pays, ce tripot, où chaque année fondent au creuset du jeu, pour enrichir quelques forbans sans scrupules, plusieurs centaines de millions de l'épargne publique.

Il est temps que cette honte nous soit épargnée.

La principauté de Monaco est encore actuellement — comme jadis — un repaire de bandits. Aucun pays du monde ne voulut donner l'hospitalité au tripot. Il était réservé au règne de Napoléon III d'accepter cette honte. Les voleurs de grands chemins qui firent aux siècles passés la réputation de la principauté monégasque, sont devenus par la suite, la civilisation aidant, des filous du grand monde.

Ils n'en sont pas moins des bandits, et d'autant plus dangereux qu'on ne peut plus, comme jadis, lorsqu'ils attaquaient le voyageur attardé, se défendre l'arme au poing.

Nous osons, nous, prêcher la croisade contre ces « sans patrie », épaves de la société qui les réprouve, d'un pays qui les renie, du monde qui les hait.....

Leur seule force à ces gens c'est l'or. Nous méprisons cette force.

A l'avance, nous nous engageons à ne rien annoncer qui ne soit scrupuleusement vrai, et à prouver la véracité de notre dire.

Si après avoir lu ce qui suit; si après avoir montré les infamies qui se commettent à Monte-Carlo, en plein dix-neuvième siècle; si après avoir dit : « Voici ce qu'est cette famille de bandits qui exploite le monde civilisé », le lecteur conserve encore quelque illusion ou quelque doute, malheur sur lui et les siens.

C'est un malhonnête homme.

Il est digne de s'associer à la famille Blanc. S'il perd sa fortune à la *Roulette*, nous ne le plaindrons pas.

Il a perdu ; il aurait volé s'il en eut eu l'occasion ; qui se ressemble s'assemble.

Mais, grâce à Dieu, les honnêtes gens sont encore en majorité dans le monde, et il est certain que notre brochure, publiée en six langues et répandue dans le monde entier, produira un effet salutaire. La clameur des peuples sera entendue des gouvernements. Nous voulons, par voie de pétition internationale, obtenir la fermeture des salles de jeux de Monte-Carlo (1); nous l'obtiendrons.

Quel est le gouvernement qui oserait ne pas obéir à la volonté du peuple ?

---

1. Prière de détacher la dernière feuille de la brochure, de la signer et de la retourner affranchie à P. Dumont, publiciste, 2, rue des Pyramides, Paris.

CHARLES III DE MONACO

LE
PRINCE ROUGE ET NOIR
ET SA COUR

Albert-Honoré-Charles GRIMALDI

Prince de Monaco

D'abord, est-ce bien un prince que ce lieutenant de vaisseau espagnol vassal de la Société des jeux de Monte-Carlo ?

En notre pays républicain, Albert-Honoré-Charles, avec les chamarrures de son costume, le passé de sa Maison, les origines de sa fortune, ses prétentions à la science infuse, — sous prétexte sans doute qu'elle porte sur les infusoires, — le roman de sa vie entremêlé de deux mariages, d'un divorce, d'un projet d'enlèvement, d'amours dans un orphelinat, nous apparaît plutôt comme un souverain d'opérette que comme un contemporain né sur un escabeau princier.

1.

Pour désigner un chien de race indécise chez lequel cependant on retrouve, mélangé, le sang pur, on dit : « C'est un mâtin. »

J'en dirai autant du prince Rouge et Noir.

C'est un mâtin, sang mêlé de prince et de cabotin.

En vain il me fera sonner ses titres longs comme un sermon de l'évêque Theuret. En vain il me dira :

Monsieur, je suis : — Albert-Honoré-Charles, prince de Monaco, duc de Valentinois, marquis de Baux, comte de Carladez, baron de Buis, baron de Saint-Lô, seigneur de Saint-Remy, sire de Matignon, comte de Thorigny, baron de la Luthumière, duc d'Estouteville, duc de Mazarin, duc de la Meilleraye, duc de Mayenne, prince de Château-Porcien, comte de Ferrette, de Belfort, de Thann et de Rosemond, baron d'Altkirch, seigneur d'Isenheim, marquis de Chilly, comte de Longjumeau, baron de Massy, marquis de Guiscard, etc., etc.

Cette énumération fastidieuse n'aura guère pour effet que de me faire songer qu'un homme qui prend tant de noms n'est qu'un malfaiteur qui dépiste la police ou un acteur qui sollicite les bravos du public.

Albert-Honoré incarne excellemment ces deux personnages.

Malfaiteur, il l'est, puisqu'il préside aux destinées de Monte-Carlo, le maelstrôm des fortunes des deux mondes.

Cabotin, il l'est aussi, puisqu'il joue au souverain et au savant, alors qu'il rendrait des points, comme ignorance, aux plus ignares de ses aïeux, et qu'il sait fort bien que s'il s'agite, c'est l'administration des jeux de Monte-Carlo qui le mène.

Comment revendiquerait-il d'ailleurs la pureté de son sang ?

Sa grand'mère Marie-Louise Gilbert n'était-elle pas absolument roturière ?

Les gouttes de sang qu'il tient d'elle sont peut être les seules pures qui coulent dans ses veines.

Comment se défendrait-il de cabotinage ?

Son grand-père Florestan Ier ne fut-il pas acteur à l'Ambigu ?

Et quand bien même, par un hasard exceptionnel, le bourgeon de cet arbre pourri depuis des siècles qui prend racine dans la famille Grimaldi, eut été enclin à ne pas être malhonnête homme, comment eut-il pu au contact de ceux qui l'élevèrent et de ceux qui l'entourent, de sa cour en un mot, ne se pas gâter, comme un fruit sain serré par deux fruits pourris, comme une dent intacte avoisinée par deux racines cariées.

La contamination fut d'autant plus rapide qu'Albert-Honoré était lui-même un ferment malsain. Sa vie tout entière nous le prouve. Son père lui-même, Charles III, qui n'était guère sentimental et que la postérité attachera sans aucun doute au pilori, fut épouvanté parfois des instincts mauvais de son fils.

« Le propre du cochon c'est d'être sale » — a dit un grand artiste qui fut un excellent observateur.

Ce pourrait être la devise de la famille Grimaldi.

Son histoire ne consiste guère qu'en malpropretés.

Jetons un coup d'œil sur le passé de la principauté de Monaco.

Au huitième siècle, l'empereur Othon en fait don à la famille Grimaldi, l'une des plus puissantes de Gênes.

Les vicissitudes des victoires mettent tour à tour Monaco sous le protectorat de l'Espagne, sous celui de la France, sous celui de la Sardaigne.

Les princes de Monaco crient : « Vive le Roi ! » à qui les paye. Peu importe le drapeau à l'ombre duquel ils s'abritent.

Le mot « Patrie » n'existe pas dans la langue monégasque.

Les princes de Monaco ne sont guère que des meurt-de-faim.

On ne veut plus acheter leurs services ; ils cherchent ce qu'ils pourraient vendre.

C'est ainsi qu'en 1861 le gouvernement impérial

acheta Roquebrune et Menton à Charles III qui manquait de pain.

C'est le casino de Monaco, c'est François Blanc, par conséquent, qui fit la fortune de Charles III et de son fils, le prince régnant actuel, Albert-Honoré 1ᵉʳ.

Nous examinerons ultérieurement et en détail l'œuvre néfaste du père Blanc.

Il est cependant nécessaire, au moins une fois dans ce chapitre, d'atteler en paire le croupier célèbre et le prince qui s'est vendu à lui.

François Blanc, en prévision d'une expulsion de Hombourg toujours possible, s'était assuré, dès l'année 1860, la ferme des jeux de Monaco fort peu rémunératrice d'ailleurs à cette époque.

Après la guerre, quand l'empereur allemand Guillaume Iᵉʳ interdit les jeux dans tout l'empire, François Blanc émigra à Monaco avec son armée de croupiers.

Il avait pensé avec raison qu'un prince tel que Charles III qui, en 1856, avait accordé la concession de jeux modestes à quelques misérables tenanciers de tripot, ne résisterait pas longtemps aux offres brillantes qu'il lui ferait en vue de remplacer Hombourg par Monte-Carlo.

Charles III était pauvre, il suffisait de l'acheter.

Charles III était un misérable, François Blanc l'acheta.

Mais il ne l'acheta qu'à la condition qu'il serait

dans la principauté le maître absolu, le vrai souverain.

Le prince régnant n'était qu'un prête-nom. Le pavillon couvrait la marchandise.

Pour cela, il suffisait entre les deux hommes d'un traité.

Le traité fut vite écrit et vite signé.

En voici les grandes lignes.

Les tenanciers du tripot de Monte-Carlo s'obligent :

1° A supporter les frais de tous les travaux d'entretien et d'embellissement de la principauté, voies de communication, routes, jardins et promenades.

2° *A payer la police, la gendarmerie ;*

3° *A rémunérer les magistrats,* l'évêque et son clergé ;

4° A entretenir la garde du prince — cent hommes — son état-major et le gouverneur.

Enfin, il est attribué au prince, pour prix de sa complaisance, la **moitié des bénéfices faits par la Société des jeux**, soit, pour l'année 1889, par exemple, une somme de **sept millions.**

Quant aux appointements officiels du prince, — sa liste civile, — ils sont de cinq cent mille francs, tous ses frais payés en outre, tous, absolument tous. Aux termes de cette convention Charles III se rendait à la merci de François Blanc. Il lui avait vendu le droit de faire sur son territoire ce que bon lui semblerait voire même les infamies les moins déguisées.

On dit que, plus tard, Charles III fut dévoré de remords en apprenant que sa principauté était un repaire de bandits et qu'il s'y commettait quotidiennement des crimes.

Peut-être, et si cela est, tant mieux. Je ne m'apitoyerai cependant pas sur le triste sort du prince, et ne mêlerai point mes larmes aux pleurs de ce vieux crocodile qui s'enrichit de la ruine des joueurs sans jamais songer que l'or qu'il touchait aurait peut-être servi, s'il n'eût signé un acte d'association avec François Blanc, à acheter du pain à des enfants ruinés par lui et pour lui. Au moins Charles III eût-il une excuse.

Comme si la main de Dieu se fut apesantie sur sa tête, il devint aveugle.

Il fut donc deux fois un jouet aux mains de François Blanc, parce qu'il s'était enchaîné à lui d'abord; parce qu'ensuite, il ne voyait pas les infamies qui se commettaient autour de lui et en son nom.

Mettons que ce fut un pantin, un pantin à la fois malheureux et néfaste.

Mais son fils, Albert-Honoré?

Est-ce aussi un pantin, lui? Est-il aveugle aussi, lui? Sait-il, voit-il ce qui se passe autour de lui, lui? S'il ne se rend compte de rien, s'il encaisse l'argent qu'on lui verse, de la Société des jeux, sans deviner sa provenance, s'il n'entend rien, s'il ne voit rien, s'il affirme être de bonne foi en jouant le rôle qu'on lui serine, c'est le Roi des Idiots et le dernier des imbéciles.

Or, comme il n'est ni imbécile, ni idiot, il faut conclure qu'il est de mauvaise foi en jouant le rôle du martyr et qu'il préfère à la bonne renommée la ceinture dorée. La cause est donc entendue, dès avant les plaidoiries.

Mais comme il ne serait pas correct de m'en tenir à des considérations basées sur de pures hypothèses, il est de mon devoir de montrer au public quel est, en réalité, cet homme qui joue au souverain et au savant.

Albert-Honoré — prénom ironique ! — ne démentira pas, et pour cause, les renseignements précis que je vais donner sur lui, et qu'il espère sans doute être seul à connaître.

Au surplus, s'agit-il pour moi d'être l'historiographe d'un prince qui n'a marqué sa place dans le livre d'or de l'histoire que par des infamies ou peu s'en faut ?

Il ne saurait en bonne justice me demander de chanter des vertus qu'il n'a pas et de glorifier des actes que l'honnêteté réprouve.

L'historien prend son bien où il peut, et parfois sa tâche est pénible quand il s'agit, comme dans le cas présent, de repêcher son personnage dans un cloaque, et de le laver de la vase qui le couvre

ALBERT-HONORÉ Ier

PRINCE DE MONACO

pour apercevoir la couleur primitive de sa peau...

Voici la biographie du prince Albert-Honoré Ier.

Au public de conclure.

*
* *

Charles III, père du prince régnant actuel, est mort au château de Marchais le 12 septembre 1889.

De son mariage avec la comtesse Antoinette de Mérode était né, le 13 novembre 1848, Albert-Honoré-Charles, notre héros.

Ce fut un enfant comme tant d'autres, d'intelligence ordinaire, paresseux comme un loir. A ce signe on reconnaissait le sang des Grimaldi.

De bonne heure il fit preuve d'instincts peu nobles, et son père qui craignait des accrocs n'eut plus dès lors qu'une idée : le marier aussitôt que possible.

Mais, pour se marier, il faut être deux, et Charles III se trouvait face à face avec ce problème difficile : découvrir une famille princière et *riche* qui accepterait pour sa fille le nom taré des Grimaldi. Charles III eut la chance inespérée de rencontrer cette famille mal instruite des qualités de son fils et des vices rédhibitoires de cette race. Lady Mary-Victoria Douglas-Hamilton, fille du duc Carlo d'Hamilton, fut immolée, innocente victime d'un pacte criminel.

Le 21 septembre 1869, à nèuf heures du matin, Jean-Baptiste-Amédée Soyer, maire de la commune de Marchais (Aisne), procéda, dans le grand salon du château, à la célébration du mariage de la jeune fille et du prince héritier de Monaco.

Lady Mary-Victoria Douglas-Hamilton, née le 11 décembre 1850, n'avait pas encore dix-neuf ans.

Albert-Honoré Ier avait vingt ans et dix mois.

Etaient présents en qualité de témoins à ce mariage, qui devait avoir de si déplorables conséquences : le baron Imberty, gouverneur général de la principauté de Monaco ; le comte Avigdor, duc d'Aquaviva, chargé d'affaires ; Etienne de Douglas et Clydesdale, duc d'Hamilton et Brandon ; comte de Rantzau Beitenbourg-Rohlstroff. Ont en outre signé l'acte de mariage : Charles III, prince de Monaco ; Caroline, princesse douairière ; Marie, princesse de Bade ; duchesse d'Hamilton ; duc de Bassano ; Joseph Ferrand, préfet de l'Aisne.

La jeune femme apportait au prince héritier une belle fortune.

Le couple partit pour Monaco.

La princesse, encore que le caractère de son mari ne lui inspirait pas grande confiance pour l'avenir, espérât en la jeunesse du prince. Elle comptait sur sa tendresse et son dévouement pour régénérer ce prince dégénéré.

Ses illusions durèrent peu. Elle s'aperçut vite que son jeune mari, vicieux comme un octogénaire, n'avait eu en vue, en l'épousant, que sa fortune.

En même temps, elle constata que ce fils de prince n'était guère moins grossier que le dernier des cochers de sa principauté.

Pas une heure, pas une minute même, ce rustre couronné ne songea à ménager la délicatesse de sa jeune femme.

Dès son arrivée à Monaco, il lui fit sentir son autorité maritale. Elle espérait y trouver un palais, y entrer en souveraine. On la jeta en prison et on la traita en esclave.

On la mura, pour ainsi dire, dans la partie du château de Monaco la plus sévère et la plus triste.

Pour compagnie, son mari — qui ne la visitait presque jamais — lui donna sa tante Florestine, veuve depuis deux mois du duc d'Urach, comte de Wurtemberg.

Elle avait alors trente-six ans et aurait dû, par son âge même, devenir l'amie de la jeune femme, la conseiller, la soutenir, la consoler, servir entre elle et son mari de trait d'union.

Mais le sang des Grimaldi ne ment pas.

Du jour où la duchesse d'Urach vit sa nièce, elle lui voua une haine sans merci.

C'était un moyen comme un autre de faire sa cour à son bellâtre de neveu.

Une ligue se forma qui avait pour but d'obliger la jeune princesse à faire donation de ses biens à son mari.

Tout le monde au château s'y acharna ; chacun prit à cœur la cause du prince. On fit le siège de l'Anglaise, comme on appelait Mary d'Hamilton.

Pour cette tâche malpropre, la tante Florestine rechercha tous les aides.

Elle fit notamment appel à l'aumônier, jésuite patelin, sorte d'éminence grise, doublé de majordome, qui dirigeait le palais.

Elle excita surtout contre la pauvre jeune femme le grand aumônier Theuret, qui n'était pas encore évêque.

L'abbé Theuret usa de toutes ses ruses pour fatiguer la princesse et lui arracher une signature.

Chaque jour on la traînait à confesse et on l'obligeait à communier quotidiennement.

L'abbé Theuret ne lui ménagea ni les sermons insultants ni les humiliations, sous prétexte de vie future et de sauvetage de son âme.

On lui représenta que son mari, indifférent d'abord, ensuite infidèle, s'écartait d'elle par la seule raison qu'elle lui témoignait de la méfiance en ne se dépouillant pas de sa fortune à son profit.

Ni les menaces, ni les prières, ni les sermons

ni les insultes n'eurent de prise sur la princesse.

Elle supporta les assauts de ces courtisans sans honneur avec une patience angélique, avec un mépris tout royal.

Elle ne signa aucune donation en faveur du misérable que le sort lui avait donné pour mari. Aux naïfs qui s'étonneront qu'un prêtre, aujourd'hui évêque, ait eu l'âme assez noire et les sentiments assez bas pour agir ainsi envers une pauvre jeune femme de dix-neuf ans, sans conseils, sans soutien, sans affection, jetée dans ce milieu de hontes et de vices par une famille imprévoyante, je répondrai seulement ceci : l'évêque Theuret est un vulgaire misérable et sa vie tout entière le prouve.

Il a agi comme il l'a fait, parce qu'il n'a pas de conscience et aussi parce qu'il y fut poussé par la tante Florestine, duchesse d'Urach, veuve du comte de Wurtemberg, qui était sa maîtresse. Et qu'on ne vienne pas m'opposer des démentis officieux. L'évêque Theuret a bien été aux vu et su de la principauté l'amant de Bianca la belle napolitaine.

Pour plus de précision — c'est mon principe — je vais rappeler des faits : les relations entre le prêtre et la tante du prince héritier de Monaco avaient lieu dans le palais même.

Un valet du nom d'Antoine surprit un jour

l'abbé dans la chambre de la duchesse, dans une position qui ne laissait aucun doute.

Il fut congédié sur-le-champ, mais on acheta son silence pour un bon prix.

Plus tard il voulut fonder un hôtel dans la principauté. Il n'en obtint pas l'autorisation.

Il possédait un secret trop important pour pouvoir vivre auprès de l'évêque.

Il y a quelques années, l'ancien domestique du prince, Antoine, était employé au cercle Kahn, au coin de la rue Laffite.

Jolie société, n'est-il pas vrai, que celle qu'Albert-Honoré imposait à sa jeune femme !

Cependant, si délaissée qu'eût été la pauvre princesse, elle n'avait pu empêcher son mari d'exercer ses droits sur elle.

Le 12 juillet 1870, à Baden-Baden, elle donnait le jour à un fils, Louis-Honoré-Charles-Antoine.

Elle avait essayé d'aimer son mari et de se faire aimer de lui.

Elle reporta sur son fils tout ce qu'elle avait d'amour dans le cœur et fut une mère admirable.

Abandonnée par son mari, trahie dans ses affections et ses espérances, écœurée des discours que lui tenaient l'abbé Theuret et la duchesse d'Urach, prisonnière en son château, elle, souveraine ; tenue d'assister aux orgies auxquelles se livraient les courtisans du prince, le prince lui-même ou, au moins, d'en entendre les échos, elle se réfugia dans l'amour de son fils, et sa femme de chambre la trouva souvent, le matin, qui avait passé la nuit en pleurant près du berceau de l'enfant.

***

Cependant, le jeune Albert-Honoré jetait sa gourme.

La ville qu'il avait choisie pour vivre en liesse et y faire ses farces était San-Remo. Les habitants de la jolie station italienne se souviennent encore de la conduite scandaleuse du jeune prince et l'estiment à sa juste valeur.

Je n'ai pas la prétention de suivre les multiples intrigues amoureuses du prince Albert-Honoré de Monaco.

Le récit en serait à la fois fastidieux et écœurant.

Il suffira, pour édifier pleinement le lecteur sur la moralité du sire, de détacher deux ou trois chapitres du livre de sa vie galante.

J'ai dit que San-Remo était d'habitude sa *ville d'amour*. Il ne l'avait pas choisie sans raison.

Albert-Honoré Ier pouvait s'y rendre sans que ses sujets pussent s'en douter, par mer, dans son yacht l'*Hirondelle* qui faisait la navette entre Toulon et San-Remo.

On peut se rendre facilement compte des voyages sans raison du prince en feuilletant le livre du port de Toulon,

On y voit :

L'*Hirondelle*, yacht du prince Albert.

Parti de Toulon le 26 mars 1874.

Arrivé à Toulon le 11 août 1874.

Parti de Toulon le 9 mars 1875.

Arrivé à Toulon le 29 juin 1875.

Parti de Toulon le 13 juin 1876.

Chacun de ces voyages concordait avec une entreprise amoureuse.

Les visites du prince à San-Remo eurent, entre autres, pour objet, pendant un certain temps, la femme d'un ancien ministre bavarois qui ne se montrait pas envers lui cruelle.

Je ne puis pas, par une discrétion bien compréhensible, livrer à la publicité les noms de toutes les maîtresses que le prince aima le plus longtemps.

Mais ce que je puis dire c'est qu'à San-Remo le prince descendait habituellement à l'hôtel Victoria. A Toulon, ses hôtels de prédilection étaient : le Grand-Hôtel, la Croix de Malte et la Croix d'Or.

Je puis ajouter, pour plus de précision et, au besoin, pour rafraîchir la mémoire du prince Albert-Honoré Ier, que chaque fois qu'il est descendu au Grand-Hôtel il a occupé les chambres portant les n°s 17 et 32 et qu'il s'est fait inscrire plusieurs fois ainsi : Prince de Monaco et sa famille.

En répondant ainsi à la question du livre de de police, le prince *a menti*.

La femme qui l'accompagnait, tenant par la main, non un garçon mais une fille, n'était pas la princesse de Monaco, séquestrée dans son château.

C'était Mme Audiffret; celle-là on peut la nommer.

Parlons donc de cette relation qui dura plusieurs années; elle en vaut la peine.

Pendant la *season*, en 1873, le prince Albert-Honoré Ier fut convié à rehausser de sa royale présence l'éclat d'une fête donnée à Nice par l'un des membres de l'aristocratie.

C'est au cours de cette fête qu'il fit la connaissance de Mme Audiffret. C'était une femme d'environ trente-cinq ans, grande, élégante, jolie de traits, coiffée d'une opulente et blonde chevelure.

Elle était mariée et mère de trois jeunes filles.

On la disait riche. Albert-Honoré loucha vers son coffre-fort.

M. Audriffret habitait avec sa femme, sur la hauteur, l'une des plus fastueuses villas de Nice, le château de Cimier.

Tous les hommes qui la virent s'amourachèrent de la belle jeune femme et la chronique scanda-

2

leuse rapporte qu'elle ne leur fut pas inhumaine.

Mais, du jour où elle connut le prince Albert-Honoré, son parti fut vite pris. Tous les goûts sont dans la nature.

Elle devint sa maîtresse, dès le mois de janvier 1873. Nous en avons la preuve.

En janvier, puis en mars de cette année, elle part avec le prince dans son yacht l'*Hirondelle*, accompagnée de sa plus jeune fille alors tout enfant.

Le couple, à ces deux reprises, passe quelques jours à San-Remo à l'hôtel Victoria où le prince se fait inscrire sous son nom.

Elle, Mme Audiffret, qui doit ménager sa situation, donne un nom quelconque.

Pourtant le prince et sa compagne ne se gênent nullement pour se montrer en public, elle à son bras, sur les promenades.

Et les langues d'aller leur train, et les suppositions de se donner libre cours, et les rapports de police de se confectionner.

Le couple regagne le yacht l'*Hirondelle*, reprend la mer et pendant quelque temps San-Remo ne le revoit plus.

C'est alors que le prince se sent repris de prédilection pour Toulon.

Mais ses amours ne sont pas fidèles.

Les garçons du Grand-Hôtel furent un soir assez surpris de voir l'honorable Honoré Ier en compagnie d'une autre maîtresse. La première était blonde, la seconde était brune. Il variait ses plaisirs, le joli garçon, mais qu'il soit avec l'une ou avec l'autre, sa générosité pour le personnel ne variait pas. L'avarice fut de tout temps et est encore l'un des moindres défauts du prince Rouge et Noir.

Cependant M. Audiffret, mari de la belle amie d'Albert-Honoré Ier, avait été prévenu des infidélités de sa femme. Pendant une soirée qu'il donna dans son château de Cimier, il acquit la certitude que le prince était l'amant de Mme Audiffret.

Sa résolution fut rapidement prise.

Il attendit le départ du dernier invité, s'arma d'un revolver, fit feu par deux fois sur sa femme sans l'atteindre, et crut, en entendant ses cris, l'avoir blessée mortellement.

Le lendemain matin les Niçois purent voir flotter sur la tour du château un drapeau noir en signe de deuil.

M. Audiffret avait brûlé ses vaisseaux. Nice et Monaco connaissaient son infortune. Le scandale était complet.

Il ne put, même pour l'honneur de ses enfants, rouvrir sa porte à l'infidèle qui quitta définitivement le domicile conjugal et vécut dès lors ouvertement avec le prince Albert-Honoré Ier.

Celui-ci, peut être parce qu'il est officier dans

la marine espagnole, eut toujours le goût des voyages.

Je crois pourtant qu'à cette époque il n'eut pas désiré se trouver à trente pas du revolver de M. Audiffret.

Quoi qu'il en soit, et si féru d'amour qu'il fût, il n'hésita pas à faire une assez longue absence et à laisser ici sa femme, là sa maîtresse, seules avec leurs pensées.

En mai 1875, Mme Audiffret apprend le retour à Monaco de son amant. Elle l'y rejoint.

Grand émoi du prince. Le mari n'a pas désarmé. S'il apprend que sa femme est a Monaco, que n'est-il pas capable de faire, et alors quel scandale !

La bravoure n'est pas la qualité dominante d'Albert-Honoré Ier.

Mme Audiffret était à Monaco avec deux de ses filles.

On les cacha dans un orphelinat situé près du vieux château, dirigé par une dame de Bourget et dont Mme François Blanc était la présidente.

C'est dans cet orphelinat, sous la protection des lois monégasques, et avec la complicité de Mme Blanc, que les tourtereaux épuisèrent un nouveau quartier de lune de miel.

En ce moment, le prince était si énamouré de son Adélaïde qu'il élabora le plan suivant, digne d'un tacticien de race.

On laisserait à l'orphelinat les deux jeunes filles et *on* irait attendre à Tunis des temps meilleurs.

Le fameux yacht l'*Hirondelle* était là pour un coup, n'est-ce pas?

Le hasard voulut que Charles III fut avisé des projets de son fils.

Il se fâcha.

Que son digne fils fasse dans sa principauté tout ce que bon lui semblait, rien de mieux. Monaco a toujours été une ville de tolérance. Mais enlever une femme mariée dont le mari n'est pas accommodant, présentait trop de risques.

Voyez-vous un prince héritier traduit devant la justice française et bel et bien condamné à la prison pour adultère.

Albert-Honoré Ier se rangea aux judicieux conseils de papa.

Mais comme, décemment, il ne pouvait pour son féal et fidèle peuple héberger dans la même ville à la fois sa femme et sa maîtresse, il invita le directeur de la police à accompagner Mme Audiffret et ses deux enfants jusqu'à Cannes, en prenant les précautions nécessaires pour éviter le mari dont le seul souvenir l'empêchait de dormir.

La maîtresse du prince parvint à Cannes sans encombre et, de là, gagna Paris où elle demeura, 4, rue Balzac, chez une certaine dame Meilhan, pour aller, de là, habiter, 139, boulevard Malesherbes.

2.

L'honorable Albert-Honoré Ier se souvient encore probablement de la chambre bleue de la rue Balzac où, régulièrement, il passait la nuit, chaque fois qu'il honorait la capitale de sa présence.

Dieu sait cependant qu'il prit de sérieuses précautions — inutiles d'ailleurs — pour que nul ne se doutât de ses visites rue Balzac.

Peut-être ne se souvient-il plus que c'est lui qui recommanda sa maîtresse à M. l'avocat B..., quai Voltaire; c'est pourtant M. B... qui, lors du procès en séparation de corps prononcé par le tribunal de Nice, obtint, grâce aux intrigues de Charles III, de faire donner gain de cause à Mme Audiffret contre toute justice et toute vraisemblance...

Pauvre Mme Audiffret! Son amant en a joui tant qu'elle fut belle, jeune et riche.

A partir du jour où elle fut ruinée, où les larmes commencèrent à rider ses joues, il ne la reconnut plus.

D'ailleurs l'aima-t-il jamais? Ce n'est guère probable si l'on s'en rapporte à sa fidélité pendant sa liaison.

Ses serments d'amour à sa belle maîtresse dont il brisa la vie, ne l'empêchèrent pas, à Toulon, d'entrer en relations avec la mère Françoise que les fêtards dévoyés connaissaient bien.

La spécialité de la brave femme consistait à

procurer aux amateurs des jeunes filles très peu farouches.

Le titre d'Albert-Honoré Ier l'éblouit.

Elle lui servit ce qu'elle avait de mieux dans son officine sans faire de prix à l'avance, sans même réclamer d'argent, certaine qu'un prince héritier avait une bourse royale.

Albert-Honoré Ier consomma et s'en fut, sans jamais songer à payer son dû.

D'où réclamations de la bonne femme qui eut pu mettre sur ses lettres : Fournisseur du prince Albert-Honoré Ier.

Il va de soi que l'héritier présomptif de Charles III ne répondit à aucune lettre.

La mère Françoise prit son courage à deux mains, sauta dans le train, arriva à Monaco et se rendit au château.

Albert-Honoré Ier était présent.

Françoise écrivit une lettre à Charles III pour l'instruire de la conduite du dauphin — je dis dauphin pour être poli.

Fureur du prince régnant qui par télégraphe donna l'ordre à la police d'expulser de la principauté la mère Françoise.

Ce fut fait dès le jour même.

Deux argousins la reconduisirent à la frontière. Le seul cadeau qu'on lui fit c'est de ne pas lui réclamer le paiement de son retour jusqu'à la Turbie.

Mais sa démarche avait fait du bruit. On connaissait la cause de sa réclamation.

Et la ville s'amusait. Et les courtisans, Theuret et la duchesse d'Urach en tête, faisaient de l'aventure des gorges chaudes en songeant à la duchesse d'Hamilton, toujours cloîtrée dans le château.

Mais il n'est patience qui n'ait des bornes.

Par raison d'Etat, pour l'honneur de son fils, pour le nom de son mari, par respect des traditions et de l'histoire, la jeune princesse de Monaco avait accepté sans se plaindre toutes les humiliations. Mais, quand elle vit son mari s'afficher publiquement à Monaco même avec des maîtresses, quand l'écho de ses orgies fut répercuté par les murs mêmes de son palais et qu'elle put lire sur les visages de tous les |pleutres qui l'entouraient qu'on jouissait de ses chagrins et qu'on s'épanouissait de ses larmes, la princesse jugea pleine la coupe d'amertume que le sort lui avait versée.

Sans que nul de son entourage put s'en douter, elle combina un plan d'évasion. Car la pauvre jeune femme était bel et bien prisonnière ; la valetaille — titrée ou roturière — du château la surveillait.

Elle avait pour coutume, à l'heure où le soleil moins chaud engage à la promenade, d'aller dans les jardins respirer librement, accompagnée de son fils.

Longtemps elle attendit l'occasion favorable pour tromper la surveillance de ses geôliers.

Enfin, un jour, le hasard voulut qu'on la laissât seule.

Elle courut vers la gare, portant son enfant dans ses bras, prit le premier train en partance pour l'Italie et ne s'arrêta qu'à Florence.

A Monaco, la nouvelle de la fuite de la princesse se propagea avec la rapidité d'une traînée de poudre.

Albert-Honoré Ier, penaud comme un voleur pris la main dans le sac, fit prier la princesse de repasser la frontière. Elle ne répondit pas.

Pour l'encourager à capituler, il se fit petit devant elle, lui promit son amour même.

Lady d'Hamilton repoussa ses propositions avec mépris.

Alors Albert-Honoré Ier eut recours aux menaces.

Quand je disais que ce petit-fils de Florestan, le cabotin, était cabotin !

Il s'essaya dans les trois rôles avec aussi peu de succès. La princesse était réfugiée à l'étranger avec son fils.

Elle se croyait en sûreté ; elle ne céda ni aux prières ni aux menaces...

Mais elle avait un fils, le prince héritier.

De quel droit l'enlevait-t-elle à son père ?

Alors on vit ce spectacle écœurant d'un tribunal complaisant qui se prêta à cette infâme comédie, d'arracher l'enfant à la mère digne de tous les respects pour le confier aux mains de son père, et quel père !

Par voie diplomatique, la cour monégasque demanda à l'Italie l'extradition du prince héritier.

Et l'Italie, qui ne pouvait s'y refuser, prêta les mains à cet enlèvement odieux.

Voilà ce que savent seules quelques rares personnes.

Ce qu'on ne sait pas, ce que le digne Albert-Honoré, le voleur d'enfants, croit être seul à savoir, c'est la façon dont fut effectué l'enlèvement de son fils, et les péripéties qui enjolivèrent ce drame intime.

Voici un chapitre inédit de l'histoire des Grimaldi :

Lady d'Hamilton, arrivée à Florence sans bagages, après sa fuite précipitée, était descendue à l'hôtel.

Un matin, un commissaire de police, muni de pleins pouvoirs, heurta à la porte de son appartement.

Il lut à la princesse l'ordre de remettre son fils aux mains des autorités italiennes.

La princesse qui tenait son enfant serré contre elle, écouta la sentence que le policier lui lisait sans l'interrompre.

Ensuite, elle se leva et toute pâle, mais très calme et très résolue, elle répondit :

— Vous direz au roi que malgré mon respec
pour sa personne et mon obéissance à ses ordres,
je refuse de me séparer de mon fils. Je ne céderai
qu'à la force.

— Votre altesse me pardonnera d'employer
la force, dit le commissaire, mes ordres sont
formels.

Et en même temps il saisit l'enfant par le bras

Lady d'Hamilton, qui jusqu'alors était restée
calme, perdit tout son sang-froid.

Quand elle vit qu'on lui arrachait son enfant par
la violence, elle sentit son cœur se déchirer, et
révoltée, défendant son fils, elle cria :

— Au secours! on me vole mon enfant.

Le commissaire interloqué lâcha prise et pendant quelques secondes n'osa avancer.

Tout à coup la porte s'ouvrit, une jeune femme
se jeta dans le salon, enleva l'enfant des bras de
lady d'Hamilton, écarta d'une poussée le commissaire, passa en courant dans un appartement
contigu, et, l'enfant toujours dans ses bras, se
campant fièrement sur le seuil de la porte, toute
frémissante encore, s'écria :

— Je suis la princesse X*** de Russie. Malheur à vous si vous franchissez cette porte.

Le commissaire tout confus s'inclina et quitta
l'hôtel.

Une heure plus tard, la princesse de Monaco
avait fui Florence et faisait route vers Baden

Baden où elle rejoignait sa famille au palais d'Hamilton.

Ce ne fut qu'après le divorce du prince et de lady d'Hamilton, prononcé par le pape et le prince de Monaco — nous en reparlerons — que la pauvre mère se vit forcée de se séparer de son enfant...

****

Le marin espagnol pour quelque temps fut guéri des liaisons amoureuses.

Dans le monde où, par étiquette, on était obligé de le recevoir, on ne cacha pas la piètre estime en laquelle on le tenait.

Il dut, sous peine de se voir ouvertement et publiquement méprisé, se conduire officiellement de façon moins répréhensible.

Albert-Honoré Ier comprit d'autant plus facilement quelle opinion professait à son égard le monde, qu'il projetait — sa femme l'ayant quitté de dégoût — de la remplacer par une autre, au moyen d'un divorce préalable.

Mais, pour cela, il lui fallait rencontrer la dame de ses rêves, celle qu'il pourrait, son père mort, produire comme souveraine à sa cour, celle aussi qui aurait assez de fortune et assez peu de dignité, le connaissant, pour l'épouser. Car, maintenant, on le connaissait, le triste sire.

On n'était plus à l'époque où la duchesse

ALICE, DUCHESSE DE RICHELIEU

PRINCESSE DE MONACO

d'Hamilton devenait sa femme. Le temps avait marché.

Le hasard voulut qu'Albert-Honoré Ier fit la connaissance de la duchesse de Richelieu. Alice, duchesse douairière de Richelieu, était née le 10 février 1857 à la Nouvelle-Orléans (États-Unis d'Amérique) — Le Gotha dit 1858 par erreur. — Elle est la fille du fameux banquier Heine de Hambourg, et la nièce du célèbre poète Heine, qui depuis a dû bien souvent tressaillir dans son sépulcre, s'il peut voir la vie toute d'infamie de la princesse.

Mlle Alice Heine, dont la beauté est discutable, plut cependant au duc de Richelieu, qui l'épousa.

Elle était riche. Elle devint veuve. Sa fortune jointe à celle de son mari dépassait cinquante millions.

D'origine israélite, d'un tempérament ardent sans doute, et d'une moralité incontestablement douteuse, la duchesse de Richelieu ne ferma pas l'oreille aux propos galants du prince héritier de Monaco.

Celui-ci avait jeté son dévolu sur elle.

Mais comment devenir son mari ?

En devenant son amant.

Il le fut, et pour être plus sûr de lier la duchesse à sa royale personne, la rendit successivement mère de deux enfants.

Ces enfants n'ont pas été reconnus depuis par ce prince.

S'ils l'étaient, ils figureraient dans le Gotha et ils n'y figurent pas.

Il était indiqué d'ailleurs qu'Albert-Honoré prît la suite du duc de Richelieu. N'est-il pas duc de Mazarin ? Mazarin succède à Richelieu pour respecter l'histoire, et la princesse Alice a trouvé cela fort naturel.

Quand Albert-Honoré Iᵉʳ s'ouvrit à son père Charles III de ses projets de mariage, le prince régnant de Monaco se récria et signifia nettement à son fils que ce mariage n'aurait jamais lieu, lui vivant.

Mais, dès sa mort, Albert-Honoré Iᵉʳ échangea son titre contre la fortune des Richelieu-Heine. Au surplus, le prince de Monaco ne pouvait-il décemment faire dans ses États une entrée triomphale sans être accompagnée d'une *légitime*, quelle qu'elle fut. Son père était mort le 12 septembre 1889. Son mariage eut lieu à Paris le 30 octobre 1889, à trois heures du soir, en la mairie du VIIIᵉ arrondissement.

Les signataires de l'acte de mariage furent : Marie-Anatole de Véron, baron de Farincourt ; Lucien Bellando de Castro ; Jean-François-Albert du Poujet, marquis de Nadaillac et Victor Masséna, duc de Rivoli.

Mais voici où l'histoire s'étonne.

Albert-Honoré s'était marié la première fois en France, à Marchais.

Le 30 octobre 1889 était-il encore marié ou était-il divorcé ?

Cherchons.

Le 28 juillet 1880, sur les sollicitations de son fils, Charles III de Monaco déclarait dissous son mariage avec la duchesse d'Hamilton.

J'admets parfaitement que Charles III ait eu le droit de dissoudre le mariage à Monaco.

Mais..... il y a un mais, le mariage n'avait pas été célébré à Monaco où nul acte de l'état civil ne l'enregistre, mais à Marchais, en France.

Par conséquent, Charles III n'avait pas le droit, si souverain qu'il fût, de rompre un mariage célébré hors de son Etat.

Le mariage religieux a pu être rompu par le pape. La cérémonie religieuse est la même partout, et le pape est maître de toute l'Eglise.

Quant au mariage civil, je le répète, Charles III était sans pouvoir pour l'annuler.

Il le pouvait d'autant moins, qu'à cette époque, le *divorce n'existait pas en France, n'était pas permis par les lois françaises.*

Albert-Honoré a bien compris cet abus de de pouvoir, cette irrégularité. Aussi a-t-il pris un biais pour faire ratifier en France la décision paternelle.

Le prince de Monaco demanda aux tribunaux

français de déclarer exécutoire en France la décision du 28 juillet 1880 qui dissolvait le mariage antérieur.

L'avoué du prince était M⁰ Mouillefarine. L'avoué de la duchesse d'Hamilton, M⁰ Paul Roche.

Eh bien ! chose incroyable, il se trouva un tribunal pour déclarer par jugement du 27 août 1880 (1ʳᵉ Chambre) « que cette décision rendue « en conformité des lois qui régissent l'Etat de « Monaco, ne renferme aucune disposition con- « traire à la loi française ! ni à l'ordre public en « France ! ! ! ».

Le jugement concluait ainsi :

« Par ces motifs, ordonne que la décision du « prince souverain de Monaco du 28 juillet 1880, « sera exécutée en France selon sa forme et « teneur, etc., etc.....

« Et condamne le défendeur aux dépens dont « il est fait distraction au profit de Paul Roche, « avoué ».

Eh bien ! n'en déplaise à la 1ʳᵉ Chambre d tribunal civil, qui rendit cet étrange jugement, il me paraît parfaitement attaquable.

J'en fais juge les jurisconsultes de tous les pays.

J'admets cependant que la loi française ait eu le droit de ratifier la décision de Charles III.

Quand le divorce fut devenu légal en France,

Albert-Honoré eût dû se mettre en règle avec la législation française, en faisant transformer ce jugement de rectification en jugement de divorce.

Autrement il risquait, en contractant un second mariage en France, de n'être pas réellement et valablement marié.

Il ne l'a pas fait.

Et M. Beurdeley, maire du VIIIe arrondissement, s'est contenté du jugement du 27 août 1880, et a célébré le second mariage du prince sans exiger d'acte de divorce.

Le mot divorce même n'est pas prononcé dans le second acte de mariage.

On y dit seulement que le prince fut *précédemment marié* à la duchesse d'Hamilton.

Qu'est-ce que ces chinoiseries-là ? Sommes-nous oui ou non en France et en République, et le prince de Monaco est-il notre souverain ?

Je ne discuterai pas davantage. Tous ceux qui me font l'honneur de me lire estimeront avec moi :

1° Qu'Albert-Honoré Ier est encore bel et bien marié à lady d'Hamilton ;

2° Qu'en épousant la duchesse de Richelieu, il est tout simplement devenu bigame.

Au fond, peu nous importe.

Ne fût-elle pas sa maîtresse, la chaste Alice, pendant plusieurs années ! Un mot encore. Le prince Rouge et Noir voudrait-il me dire pourquoi il se marie en France, et non dans sa principauté ?

Il y entretient pourtant un évêque et il y possède une cathédrale toute neuve, qui a coûté plusieurs millions payés par Mme Blanc. Peut-être pour faire honneur à la France.

Albert-Honoré est assez fat pour espérer qu'un maire français est — comme lui — *honoré* de célébrer son mariage ?

Quand elle épousa le beau jeune homme, voici le portrait qu'on fit de la princesse, *la princesse de la Roulette* comme on l'appelle en Italie.

« Une grâce indicible, une subtilité d'intelligence remarquable, une conversation pleine de verve, beaucoup d'esprit et du meilleur, telle est la nouvelle princesse de Monaco. Qualité suprême, elle sait écouter, a la charité rare de chercher à faire valoir et apprécier ce que les autres disent. D'une nature droite et fière, immuable en ses amitiés fidèles, elle est passionnément éprise d'art : elle est élégante par dessus tout. »

Voyons si ce portrait est juste.

L'historien est implacable : et avant tout nous prétendons écrire un chapitre d'histoire.

Mettons que la princesse soit spirituelle, intelligente et femme du monde accomplie.

Est-elle droite et fière ?

Fière ? Non.

Une femme fière, ne se donne pas au prince

héritier de Monaco. La veuve d'un Richelieu ne devient pas la maîtresse, puis la femme d'un Grimaldi, d'un croupier.

Droite? Pas davantage.

Une femme droite ne vit pas de la ruine des joueurs, et ne paye pas ses toilettes avec l'or des suicidés.

Peut-être est-elle élégante, et sa nature est-elle celle d'une artiste.

Mais je doute qu'elle soit *immuable en ses amitiés fidèles*.

Raisonnons un peu.

Je la vois duchesse de Richelieu.

Bien.

Elle devient veuve, sa santé s'ébranle. Son père, sur le conseil des médecins, l'envoie à Madère, dont le climat est doux.

Elle s'y éprend d'un médecin israélite dont elle devient la maîtresse, et qu'elle eût épousé sans l'énergique intervention de son père qui la ramène en France.

Elle passe l'hiver sur la *Côte d'Usure*, là où maintenant elle règne en souveraine.

De nouveau, elle s'amourache de son médecin, le docteur d'A... et devient sa maîtresse.

Albert-Honoré Ier se présente. Elle se donne à lui et l'épouse ensuite...

Est-ce bien là ce qu'on peut appeler « amitiés fidèles? »

Je ne crois pas utile d'insister davantage. La « dame de trèfle » d'Albert-Honoré Ier, princesse de Monaco, me semble suffisamment photographiée.

Voyons maintenant comment le clergé monégasque — ô ! fidèle et honnête clergé ! — la juge.

Voici le discours que déclamait l'an dernier à la princesse Alice le curé de Pierrefeu, le jour de Sainte-Dévote, fête patronale de Monaco.

Lisez ; vous jugerez ensuite s'il est possible d'être à la fois plus plat et plus jésuite.

« Madame,

« Appelé à l'honneur de recevoir la première fois Votre Altesse à la porte de cette église dont la divine Providence a bien voulu me confier la garde, qu'il me soit permis de Lui souhaiter la bienvenue.

« Vous foulez en ce moment, Madame, le seuil d'un sanctuaire, fort modeste sans doute, mais quinze fois séculaire. Sur ce parvis sacré, avant Vous, sont venues s'agenouiller toutes les illustres princesses qui se sont succédé sur le trône antique des Grimaldi. Par Votre présence qui ajoute encore à l'éclat de cette grande et belle solennité, vous avez voulu, Vous aussi, donner un témoignage public de votre attachement à la foi du Christ, de votre dévouement à l'Eglise catholique, *de Votre amour déjà ardent pour cette*

Vièrge que Dieu a établie la gardienne de cette cité.

« C'est cette sainte, Madame, c'est Dévote qui, la première, avant même l'Auguste Souverain dont vous êtes l'Epouse, a fait choix de votre Personne pour l'élever sur ce Trône, au-dessus duquel, gardienne vigilante, elle étend son aile protectrice. *Elle voulait à cette nation qu'elle aime donner une Reine selon son cœur, et son regard s'est arrêté sur Vous.* Ce choix, qu'il me soit permis de le dire, plus que toute autre grandeur humaine, fait *votre plus bel éloge, constitue votre plus grand honneur.* Ce choix, du reste, à été ratifié par ce peuple dont la voix, nous dit l'Apôtre, est celle même de Dieu, *vox populi vox Dei.* Vous en avez eu la preuve touchante lorsque, à votre arrivée, on saluait Votre venue avec un enthousiasme que ne commandait point l'étiquette, mais que dictait seul le cœur, l'amour le plus sincère...

« Entrez donc, Madame, entrez donc dans ce sanctuaire vénéré de cette population monégasque, tout entière. Vous la voyez se presser en rangs serrés aux abords de ce temple. Elle vient, sans doute, adresser ses hommages à celle qui veille sur ses foyers, mais elle vient aussi lui rendre de ferventes actions de grâces pour le don inestimable qu'elle lui a fait en lui envoyant une princesse *aussi accomplie* et qui sera toujours la

3.

Souveraine bien-aimée. Entrez, et que de ces restes sacrés que vous venez vénérer, dans quelques instants découlent les grâces les plus abondantes sur Vous, sur votre Auguste Epoux, notre vénéré Souverain, sur votre Famille, sur cette principauté dont vous êtes déjà la joie et l'*orgueil* et dont vous ferez toujours le bonheur. »

Un autre curé, le directeur du collège de la Visitation, lors de la distribution des prix, le 3 juillet 1890, prononçait ces phrases :

« Quoi qu'il en soit de l'avenir, mes enfants, dont les heures sont fixées par Dieu seul, vous garderez un souvenir inoubliable de Celui qui vous a permis de le préparer ici en nous donnant ces vingt années d'asile, de paix, de résultats féconds.

« Et votre reconnaissance pour le prince Charles III sera le meilleur hommage que vous puissiez rendre à son successeur, le plus doux, bien sûr, à son cœur de fils.

« Lui aussi, comme son Auguste père, il vous couvrira de sa protection et de ses bienfaits. N'en est-ce déjà pas un très grand, que l'exemple de sa vie, consacrée tout entière au travail, à l'acquisition de cette valeur personnelle dont je faisais tout à l'heure votre idéal, et qui est la plus belle auréole dont les princes puissent relever l'éclat de leur couronne.

« A ses côtés vous revient une jeune souveraine qui n'est pour vous ni une étrangère, ni une inconnue. Elle parle votre langue avec la même perfection que toutes les autres langues de l'Europe, et les plus anciens d'entre vous se rappelleront tous l'avoir vue il y a quatre ans, alors qu'elle mettait pour la première fois le pied sur cette terre, qui devait être la·sienne, venir visiter votre collège, s'enquérir de votre système d'éducation, s'intéresser à tous les détails de votre vie d'écolier, tout cela avec quelle grâce ! vous vous en souvenez.

« Mais je ne veux pas anticiper sur un éloge que vous vous êtes réservé de faire vous-mêmes tout à l'heure, ni retarder plus longtemps votre impatience à la vue des médailles qui vont vous décorer, et des prix qui vous attendent. »

Que pensez-vous de l'orateur qui exalte la vie toute de travail du prince et qui, pour chanter les vertus de la douce Alice, prend soin de rappeler discrètement que quatre ans plus tôt, elle était déjà la maîtresse du souverain-croupier.

Le 13 janvier 1890, l'évêque Theuret recevait au seuil de la cathédrale le prince Albert-Honoré et son 'Alice, faisant leur entrée solennelle dans la principauté.

Il y allait, le digne compagnon de la douce Bianca, de son petit discours où l'on sent quelques inexactes réminiscences de Bossuet :

« Monseigneur,

« En pensant à tout ce que Vous êtes et au peu que je suis, je me sens profondément ému *et fier aussi* de l'honneur qui me revient de Vous recevoir aujourd'hui comme Souverain dans cette basilique, où Vous venez témoigner solennellement de Votre foi au Dieu de Vos pères, affirmer que toute autorité vient de lui, que lui seul a droit de commander aux rois et aux peuples, et mettre Votre règne qui commence sous sa puissante et séculaire protection. Ainsi ont fait les Souverains Vos ancêtres pendant les neuf siècles qui se sont écoulés ; confiants dans leur épée, ils comptaient encore plus sur l'aide de Dieu ; et voilà pourquoi ils avaient inscrit sur leur écu : *Deo Juvante.*

« Ici, à son tour, sinon dans la même enceinte sacrée, du moins sur le même sol, est venu s'agenouiller et prier Votre illustre et regretté père, au jour de son avènement, et Dieu sait, Vous savez et nous savons tous, combien glorieux fut son règne ; et je ne répondrais pas aux sentiments de Votre pitié filiale si je ne disais *qu'il a relevé le prestige de la principauté*, qu'il lui a donné toutes les prospérités et qu'elle lui est redevable de son autonomie religieuse et politique, qu'il l'a fait entrer dans le concert des nations, qu'il a été honoré des Souverains les plus considérables, qu'il a joui de l'amitié du plus grand Pape des temps modernes, en un mot qu'il a mérité à tous les titres le nom de second fondateur de la principauté.

« Et si je n'avais pas évoqué le grand nom de Charles III, les pierres et les marbres, les colonnes et les voûtes de cette cathédrale, le chef-d'œuvre de son règne, l'auraient proclamé. J'admire, Monseigneur, comment, *de complicité avec la Providence,* il a voulu que Vous y ayez votre part et que Vous y mettiez le couronnement au début même de votre règne ; lors donc que dans les siècles futurs on contemplera ce monument aux lignes architecturales si pures, inspirateur du sentiment religieux, aussi inébranlable que le roc sur lequel il repose, un des plus beaux des temps modernes, on dira : *il a été élevé à la gloire de Dieu* qui protège la principauté par deux grands princes, Charles III et Albert-Honoré Ier.

« *Qu'il est beau l'héritage qui Vous est échu !* Je crois, est-ce un rêve ? est-ce une ambition immodérée pour le pays que j'aime et que je sers depuis trente ans ? je crois qu'une nouvelle ère va commencer et qu'aux neuf siècles qu'il a vécu jusqu'à ce jour, un avenir de neuf autres siècles lui est réservé, siècles aussi pacifiques que les autres ont été agités ; et quand je vois le lustre que Vous avez déjà répandu sur la principauté, *quand je pense à tous les progrès que Vous méditez*, quand je sens l'amour que Vous portez à ce peuple qui vous le rend avec passion, mon rêve touche presque la réalité. Et lorsque je vois à côté de Vous ce jeune prince, déjà l'orgueil et les délices de la principauté, dont le regard est si riche de promesses, formé à la double école d'un aïeul tel que Charles III et d'un père comme Vous, je me fortifie dans mes espoirs et je m'écrie : *longue encore sera la lignée des Grimaldi.*

« Madame,

« Assurément il pensait à Vous le prince bien-aimé, lorsque, dans une circonstance solennelle, où aux joûtes pacifiques de la grande exposition il tenait si haut et si victorieusement le drapeau de la principauté, lorsque, en parlant du charme de la femme française, il disait : « Elle attire par sa grâce, retient par son esprit et attache par son cœur. » En ce moment que Vous êtes devant nous, il n'y a plus de doute ; Vous êtes cette femme française et Vous êtes devenue la Souveraine de Monaco ; laissez-moi ajouter à ce portrait si délicatement tracé, un trait, à ce diadème déjà si riche, un fleuron.

« J'en ai le droit, même dans cette enceinte

sacrée : *Vous êtes aussi la femme chrétienne. Vous en avez les vertus, la charité, la bienfaisance, la générosité ; Vous avez le culte saint de l'enfance, de l'humble et du pauvre.* Voilà pourquoi il ne Vous a fallu que paraître pour conquérir l'affection de Vos nouveaux sujets.

« Venez donc, princesse, venez prendre place à côté de celui qui, *après Vous avoir si bien appréciée,* Vous présente aujourd'hui à la principauté comme don de joyeux avènement. Le trône monégasque est modeste ; mais il est antique, et aucune illustration ne lui a manqué. Longue aussi est la liste des Souveraines qui s'y sont assises avant Vous, et dont le souvenir restera à jamais populaire ; qu'il me suffise de rappeler les Claudine et les Louise-Hippolyte, les Antoinette et les Caroline. Un jour, à la suite de ces noms vénérés, l'histoire ajoutera avec honneur le nom de la princesse Alice.

« Et maintenant, Altesses Sérénissimes, nous allons chanter l'hymne solennel d'actions de grâces et faire monter vers le ciel nos plus ardentes supplications afin que Votre règne long et heureux apporte gloire à Dieu, paix et prospérité au peuple monégasque. »

Tel est l'homme à surplis, mais sans scrupules, dont le pape a fait un évêque.

Plat valet du maître de la Roulette, il lèche ses bottes pour ne pas perdre sa place ; il s'emballe sur les hautes vertus de Madame, sa charité et sa générosité.

Il n'a pas un mot, pas une phrase à double entente, pas un soupir pour flétrir le jeu dont il s'engraisse. Acheté au rabais, comme un figurant de féerie, il joue son rôle, intéressé seulement de toucher son dû. En voyant de telles palinodies, on se demande en vérité si ces gens-là sont devenus fous ou bien s'ils se croient indéfiniment à l'abri des châtiments de ce monde... à défaut de l'autre.

Si encore la femme pour laquelle Albert-Honoré Ier a répudié la duchesse d'Hamilton, la mère du prince héritier, justifiait les faux compliments et les ridicules éloges que les hommes de ses États, et à sa solde, font d'elle !

Un exemple, entre mille, de la générosité de ce couple princier, qui encaisse par an des millions, mouture abjecte du casino de Monte-Carlo.

Lors du célèbre voyage que M. Pereire offrit sur l'un de ses bâtiments aux notabilités de la presse et des lettres, on fit escale, au retour, à Monaco, et le Prince organisa un banquet à leur intention. Mais le personnel des larbins princiers étant insuffisant, Honoré Ier engagea comme extras les garçons des principaux hôtels et donna à chacun 5 *francs de pourboire !*

Grâce à Dieu, tout ce qui se sent au cœur un peu de sang tient ce couple à l'écart.

Nous avons cependant des compatriotes qui... se trompent.

Je lis, dans les journaux du mois d'avril dernier, des articles que je me fais un devoir de livrer au public sans commentaires :

« On a fort remarqué le court séjour de notre escadre de la Méditerranée dans la rade de Villefranche.

« L'amiral Duperré n'a passé que quelques jours dans ces parages, mais il les a mis largement à profit pour abattre le pavillon français aux pieds de Son Altesse Sérénissime le prince de Monaco. L'ancien aide de camp de l'impératrice Eugénie s'est fort à propos souvenu qu'il avait conquis tous ses grades en dirigeant les cotillons aux bals de la cour des Tuileries et de Compiègne, et il a fait mouiller son escadre dans les eaux monégasques *juste à temps* pour permettre à ses officiers d'assister à un grand bal donné par le prince Albert-Honoré.

Les deux amiraux

« Vendredi dernier, en effet, l'amiral Duperré, escorté par son état-major et suivi de presque tous les officiers de l'escadre, esquissait sa plus belle révérence devant le prince Honoré et lui présentait les hommages de la République française.

« Or, jamais son prédécesseur, l'amiral Dupetit-Thouars, ce vaillant officier dont le souvenir est si vivace et si profond parmi les marins, n'avait consenti à mettre les pieds dans le palais de ce souverain biseauté.

« Évidemment feu Dupetit-Thouars n'avait pas le même idéal ni le même sentiment de la dignité personnelle et de l'honneur du drapeau français que l'amiral Duperré.

A bord du « Hoche »

« Le dimanche matin suivant, Leurs Altesses Sérénissimes le prince et la princesse Albert-Honoré Ier, accompagnés de tous les grands dignitaires de Monaco : le baron de Farincourt, ex-préfet de l'empire ; le lieutenant-colonel de Castro, commandant les carabiniers (?) monégasques ; le capitaine Gastaldi, l'aumônier de Leurs Altesses, etc…, rendaient à l'amiral Duperré sa visite, et l'amiral les recevait à bord du *Hoche* avec le cérémonial réservé aux chefs d'État.

« L'*Éclaireur de Nice* donne des détails intéressants sur cette cérémonie :

« Une salve de vingt et un coups de canon a salué les Altesses ; toute l'escadre a été pavoisée et la musique du *Formidable* a exécuté la *Marche nationale* (?) de la principauté. Les marins des douze bâtiments de l'escadre, rangés sur les bastingages, ont poussé des hourras ; enfin le drapeau princier a été hissé au grand mât du *Hoche*.

« Il est à noter que M. Henry, préfet des Alpes-Maritimes, s'était joint à l'escorte du prince Albert-Honoré Ier

« A bord, une grand'messe a été célébrée… on pourrait presque dire en l'honneur du prince ; Leurs Altesses se sont agenouillées, **l'amiral s'est agenouillé, et le préfet de la République s'est agenouillé côte à côte avec l'ex-préfet de l'empire.**

« Rarement spectacle plus édifiant fut offert à des regards plus réactionnaires. »

Le pont de nos cuirassés est-il fait pour servir de chapelle à des préfets de l'empire et à des monégasques officiers espagnols, voleurs de nos fortunes, et bigames en France ?

Épilogue : Le prince de Monaco a nommé grand'croix de l'ordre de Saint-Charles le vice-amiral Duperré, commandant en chef de l'escadre de la Méditerranée. (Je le regrette pour l'amiral.)

Chacun sait d'ailleurs que le prince Albert-Honoré Ier a pour la France une prédilection marquée.

Je n'en veux d'autre preuve que cette information laconique publiée dans le *Temps*, du 8 septembre 1891 :

« Un incident pénible s'est produit récemment dans les salons du casino de Monte-Carlo. L'orchestre ayant joué l'hymne russe et l'air national anglais, on a demandé la *Marseillaise*; l'orchestre a refusé de l'exécuter, ce qui a produit sur les personnes présentes une impression d'autant plus fâcheuse qu'un certain nombre d'officiers français et étrangers étaient présents. »

Sans commentaires, n'est-ce-pas ?

Pourtant le prince ne se dérobe pas aux réceptions que lui font les populations françaises.

L'an dernier, en juillet, le yacht *Princesse Alice* est entré dans le bassin à flot de Boulogne, avec le prince Albert-Honoré et la princesse de Monaco. Une réception chaleureuse leur était préparée.

MM. Baudelocque, maire ; le docteur Hamy, membre de l'Institut ; Dislère, conseiller d'Etat, Dautzenberg, délégué de la Société de zoologie de Paris; Hurel-Lagache, Jules Petit, président et vice-président de la Société de géographie et de la Société académique ; Sagnier-Christol, président de la bibliothèque populaire; les présidents et les membres de diverses sociétes savantes, étaient présents.

Une foule extraordinaire se tenait sur les quais.

Conférence au théâtre, par le docteur Regnard, sur les travaux scientifiques du prince de Monaco, le soir de son arrivée.

Oh ! les travaux du prince ! Oh ! ses découvertes sous-marines !

Parlons-en.

La vérité est que ce n'est pas l'Altesse *Sérénissime* qui explora et qui découvrit quoi que ce fût, mais bien un Français de la plus haute valeur : M. Georges P.

Que diable M. Georges P... était-il allé faire dans cette galère ? C'est le cas de le dire.

Le prince lui avait laissé croire qu'il mettait son yacht à sa disposition dans l'intérêt de la science. Le professeur accepta, partit, travailla, fit des découvertes, etc...Albert-Honoré Ier, l'intègre, se les appropria tout simplement. Ce que c'est que l'habitude de mettre sa main dans la poche de son voisin !

Et puis, on prend ce qu'on peut, n'est-ce-pas ?

Le principal est de ne pas finir mal.

Pourtant l'aventure ne fit pas grand tort à Albert-Honoré Ier. Il est vrai que l'indélicatesse n'étonna personne. M. Georges P. osa seulement démasquer le plagiaire et lui dire son fait vertement.

Si quelque membre de l'Académie des sciences

me fait l'honneur de me lire, je le prie humblement de suggérer à ses collègues l'idée de faire subir un examen au prince de Monaco. En cinq minutes, ils auront acquis la certitude que leur illustrissime correspondant ne connaît pas le premier mot des questions qui font l'objet de ses communications à l'Académie.

Que si, au préalable, l'Académie des sciences le préfère, qu'elle demande à M. Georges P. ce qu'il pense de l'Altesse *Sérénissime*. Il leur répondra tout simplement ce qu'il lui a dit à lui-même et il ajoutera qu'au cours d'un voyage en yacht, *il l'a vu un jour se dresser devant lui, comme un forban* (sic).

En poursuivant cette étude, nous aurons l'occasion de reparler du prince régnant de Monaco et de son œuvre.

Quant à présent, nous nous sommes bornés à présenter l'homme dans les principales étapes de sa vie, et nous n'avons voulu qu'esquisser à grands traits, en serrant de près la vérité, le portrait du prince Albert-Honoré Ier.

La ressemblance nous paraît frappante. Si jamais jusqu'à ce jour on ne publia de lui une biographie aussi complète, aussi détaillée au point de vue historique, c'est que nul ne possédait les documents lui permettant d'écrire ce chapitre d'histoire.

On disait bien que le prince de Monaco n'était

pas l'un des hommes les plus honnêtes de son siècle, mais pas un fait incontesté ne donnait de corps aux hypothèses sur lesquelles on bâtissait le roman de sa vie.

Maintenant il ne s'agit plus d'hypothèses ni de roman.

La page laissée blanche au livre d'or de l'histoire des Grimaldi est remplie....

Vous figurez-vous, lecteur, quelle doit-être la Cour d'un tel Prince et quels doivent être ses sujets ?

Tout ce que vous pouvez rêver à cet égard est encore au-dessous de la réalité, vous allez le voir en feuilletant ce volume.

La Cour d'Albert-Honoré Ier est la Cour des Miracles moderne ; on y vole, on y tue sous la protection du nouveau roi de Thunes.

La France républicaine n'a pas encore compris qu'il était de son devoir de balayer le territoire monégasque.

Elle s'y décidera un jour prochain, elle y sera d'ailleurs forcée par la pression de l'opinion publique et des gouvernements étrangers.

Il est temps d'anéantir la bande de forbans qui, à l'abri du pavillon monégasque — rouge et blanc — s'engraissent de la ruine des joueurs, qu'ils dépouillent, comme autrefois les voleurs de grands chemins.

FRANÇOIS BLANC

FONDATEUR DES JEUX

FRANÇOIS BLANC

Le fondateur des Jeux

De tous temps, on a pour coutume — et je ne sache pas qu'elle soit mauvaise — de s'inquiéter de l'honorabilité de son voisin, avant d'être son hôte ou de lui tendre la main.

Lors même qu'il ne s'agit pas de relations mondaines ou d'affaires, quand il est seulement question de porter un jugement sur un homme, on regarde comment il vit, et quels sont ses moyens d'existence.

S'il vit honnêtement, si son travail est avouable on dit : « C'est un honnête homme. » Dans le cas contraire, on fait des réserves.

Les timorés se taisent, les autres disent tout crûment : « Cet homme est une canaille. »

Je ne sais pas d'épithète qui convienne mieux à ceux qui profitent pour s'enrichir de la passion de leurs semblables. Tenanciers de tripots ou de lupanars c'est, à mon sens, tout un, les uns sont aussi honorables que les autres.

François Blanc, le chef de la dynastie actuelle qui brille à la cour du Prince Rouge et Noir, aide à son éclat, et dont le membre le plus considérable est un personnage officiel, puisqu'il est maire de sa commune et chevalier de la Légion d'honneur; François Blanc fut un des hommes les plus néfastes de notre temps, et, à coup sûr, un des filous les plus habiles du siècle.

C'est lui qui fit du jeu une institution, l'organisa avec ordre et l'érigea en véritable administration.

Il avait — pour les autres plus que pour lui — la vocation du jeu.

Comment lui vint cette vocation, nul ne le sut, et ne le saura jamais.

François Blanc n'était pas en effet d'une malhonnête famille; et pour lui inculquer d'honnêtes principes, ses parents ne négligèrent ni leurs peines ni leur argent.

Mais il était sans doute écrit au livre de la destinée, que François Blanc devait mourir dans la peau d'un forban.

La destinée n'a pas menti.

On connaît assez mal jusqu'à présent la vie du célèbre Croupier; nulle part je n'ai lu la date et le lieu de sa naissance, la date de son mariage, et ce ne sont pas ses enfants qui contribueront à la rédaction de l'histoire de leur famille.

Passons-nous donc de leur aide filiale, et continuons notre rôle d'historien.

L'an 1806, le 12 décembre, à une heure du soir, naissaient à Courthezon (Vaucluse), deux enfants jumeaux du sexe masculin :

Louis-Joseph et François Blanc.

Louis-Joseph, l'aîné, prévoyant sans doute le joli commerce auquel se livrerait dans la suite son cadet, a préféré retourner dans le monde d'où il venait.

Il est regrettable que la mort n'ait pas fauché François Blanc dès le berceau, le monde eût compté une famille tarée de moins et Monte-Carlo n'eût pas existé.

Le père de François Blanc s'appelait Claude-Agricol ; il était receveur de la commune de Courthezon. La mère était née Janin, Marie-Alexandrine-Thérèse.

Les témoins de la naissance du décimeur de fortunes furent François Tavernier, faiseur de bas, et Antoine Ducloux, cordonnier.

La jeunesse de François Blanc ne présente pas d'intérêt.

Vers l'âge de 20 ans, nous le retrouvons vagabondant dans les foires publiques où il tient des jeux de hasard, bonneteur avant l'invention du bonneteau.

Quand il eut amassé quelque pécule, il courut

les salles de jeux, puis les cercles, ici croupier, plus loin joueur, selon les soubresauts de la fortune.

Il se faisait la main.

Quand il crut son éducation parfaite, il essaya des filouteries. Ses essais furent mal récompensés.

Il dut errer à l'étranger de ville en ville, juif-errant en quête d'un mauvais coup à faire.

Enfin il s'arrêta à Hombourg. Dès lors, son rêve fut d'y installer un tripot.

Mais la chose n'allait pas sans difficultés.

Il acheta à des particuliers naïfs et besoigneux quelques sources sans effet, et obtint ensuite du Landgrave l'autorisation d'établir un Kursaal.

L'*exploitation* fut et est encore le rêve de la famille Blanc.

Le Kursaal était créé ; le tripot officiel était né du même coup.

Une association se forma et la bande, sous l'impulsion du père Blanc, se dispersa dans le monde pour recruter les joueurs.

Le Dieu du jeu resta à Hombourg ; ses apôtres battirent les deux mondes, en quête de pigeons.

Hombourg, qui n'était qu'une bourgade, vit bientôt sa population flottante décupler. La danse des louis attirait les joueurs comme le miroir les alouettes. François Blanc rayonnait.

Sa fortune commençait.

Il avait trouvé en le Landgrave de Hombourg un complice digne de lui.

C'est à Hombourg que François Blanc expérimenta le système qui devait réussir à faire de Monte-Carlo dans la suite le plus luxueux coupe-gorge du monde.

Le bonhomme connaissait fort bien ses jeux, et le monde des joueurs.

Il avait lui-même été expulsé d'un certain nombre de cercles pour cause de flagrant délit de tricherie ou de vol au jeu. Ce fut l'un des *philosophes* les plus connus dans la première moitié de notre siècle.

Jouer, voler en jouant, c'est bien ; mais faire jouer autrui, ne rien risquer, soi, et empocher les mises, c'est mieux encore.

C'est de ce principe que partit le vieux forban, et qu'il appliqua toute sa vie avec une invraisemblable chance.

En quelques années, sa fortune fut faite à Hombourg.

Survint la guerre de 1870, et, après nos désastres, l'unité allemande.

L'empereur Guillaume, c'est à son honneur, ne toléra pas plus longtemps les jeux dans son empire.

Le Kursaal de Hombourg fut fermé et François Blanc dut quitter l'Allemagne.

4.

Mais en prévision d'une catastrophe de ce genre, François Blanc avait pris ses dispositions de longue date.

L'étabtissement du Casino des jeux date de l'année 1856. Une Société, au capital de 2,500,000 francs, obtint, à cette époque, du prince Charles III, une concession de trente années et installa des salles de jeux dans une maison sise sur la place du Château. Le 13 mai 1858, le jeune prince Albert-Honoré Ier aujourd'hui sur le trône posait la première pierre du Casino actuel sur la montagne des Spélugues. La dénomination consacrée à cet édifice fut, tout d'abord, celle « d'Elysée Alberto ». Le prince le débaptisa avant son achèvement complet et lui donna le nom de « Monte-Carlo ». C'est à ce moment que parut M. François Blanc, le futur concessionnaire de l'établissement.

M. Blanc arriva un matin à Monaco, venant de Nice, où il était descendu. Il alla trouver les concessionnaires du Casino, et leur dit :

— Voici un portefeuille contenant 1 million 700,000 francs; voulez-vous me céder votre privilège ? Mon intention est de repartir cet après-midi pour rentrer à mon hôtel.

— Mais...

— Je vous donne trois heures pour réfléchir. Je vais déjeuner et me promener. Je reviendrai à deux heures et demie.

Au moment indiqué, M. Blanc se présenta de nouveau et, séance tenante, le traité était signé le 31 mars 1860.

Monte-Carlo était né.

Hombourg fut fermé après la guerre.

François Blanc émigra donc à Monte-Carlo.

Les millions allaient affluer dans ses coffres. Le fruit avait mûri, et était bon à cueillir.

Comme à Hombourg, il avait rencontré à Monaco un prince dévoué à sa cause.

J'ai montré, dans le précédent chapitre, sur quelles bases fut contracté le traité qui lia Charles III à François Blanc. François Blanc avait pu s'assurer la complicité de Charles III. Mais il fallait aussi ménager l'empereur Napoléon III. C'est là que nous voyons Antoine Bertora s'entremettre et entrer en scène.

Antoine Bertora, dont nous aurons à nous occuper au cours de cette étude avec plus de détails, était un modeste employé des postes de l'avenue de la Grande-Armée.

Par la suite, le comte Bacchiocchi l'attacha à sa personne et il entra aux Tuileries comme employé au Cabinet noir. C'est lui qui portait les billets doux des dames de la Cour.

C'est Bertora qui présenta au comte Bacchiocchi le père Blanc, et c'est le comte Bacchiocchi qui obtint de Napoléon III de fermer les yeux sur l'ouverture du tripot de Monte-Carlo.

Cependant, si occupé qu'il fût par le jeu, François Blanc n'avait pas été insensible aux amours faciles, libres surtout.

D'une liaison de rencontre étaient nés deux fils, Camille et Charles Blanc, dont nous parlerons tout à l'heure, fils naturels reconnus ultérieurement par leur père.

Que devint la mère de ses deux fils aînés, je ne sais trop. Mourut-elle ou les amants se séparèrent-ils ? La chronique ne le dit pas, et je n'ai pas cherché le fond des choses, le fait étant d'importance médiocre.

Ce qui est certain, c'est qu'à quelque temps de là, François Blanc devenait l'amant d'une gentille hombourgeoise, Marie-Charlotte Henzel, de 27 ans plus jeune que lui, qui était servante dans certaine Wirthshaus de Hombourg.

Marie-Charlotte Henzel était née à Friedrichsdorf (Hombourg), le 23 septembre 1833, de Gaspard Henzel et de Catherine Stemler.

Marie-Charlotte Henzel fut assez habile pour persuader à son amant de l'épouser.

Le mariage fut conclu en la mairie du 2e arrondissement, à Paris, le 20 juin 1854.

A cette époque, François Blanc et Marie-Charlotte Henzel habitaient ensemble, 32, boulevard des Italiens. La preuve est donc faite des relations qui unissaient le couple avant que M. le maire eut régularisé la situation.

Mme FRANÇOIS BLANC

P. 81-82.

A ceux qui, sceptiques convaincus, verraient dans cette affirmation une insinuation malveillante et partiale, je répondrai par cette preuve irréfutable :

Marie-Charlotte Henzel devenait Mme Blanc le 20 juin 1854. Or, le 21 novembre 1854, juste cinq mois après, elle donnait le jour à Marie-Louise-Antoinette-Sophie, aujourd'hui princesse Radziwill.

Ou Mme Blanc est un cas physiologique particulier, si sa grossesse a duré moins de cinq mois, ou, lorsqu'elle s'est mariée, non-seulement elle n'était plus rosière, mais encore ses fleurs d'oranger étaient bien près de se changer en oranges.

Il me paraît difficile de trouver une autre explication.

Notons en passant, ce point d'histoire éclairci, que, lors du mariage, François Blanc s'intitula rentier et Marie-Charlotte Henzel, rentière, sous le prétexte sans doute que leur profession leur assurait des rentes.

Le bel Antoine Bertora, qui n'était pas encore comte, servit donc d'entremetteur à François Blanc qui l'en récompensa en l'attachant à sa personne.

Mme François Blanc lui en sut gré aussi dans la limite de ses moyens.

La plus belle fille du monde ne peut donner que ce qu'elle a.

Mme Blanc, par reconnaissance sans doute, se donna au bel Antoine Bertora à draps ouverts. François Blanc n'en tint pas rancune à son coadjuteur. Ses enfants non plus d'ailleurs.

Ils sont dans les meilleurs termes avec Bertora.

C'est, où je ne m'y connais pas, de la piété filiale.

Dans cette aventure à la fois tragique et funambulesque, malsaine avant tout, ces compromissions n'ont rien qui nous doivent surprendre.

Elles profitèrent au vieux forban. Ce qui prouve que le ciel ne récompense pas la vertu et ne punit pas le crime en ce bas monde.

François Blanc mourut le 27 juillet 1877, à Loches-les-Bains, canton du Valais (Suisse), par suite d'asthme, avec lésion pectorale.

Il laissait à ses enfants **80 millions** espèces, sans compter les immeubles et les œuvres d'art, soit au minimum **200 millions;** à son lit de mort le seul regret qu'il exprima fut de ne pas laisser à ses enfants une fortune plus considérable. « *J'ai* « *tant travaillé, disait-il, et je n'ai pas encore* « *gagné assez d'argent pour mes enfants.* »

Oh! le bon père. Oh! l'honnête homme.

Comptez, si vous l'osez, le nombre de malheureux qui furent ruinés pour enrichir ce misérable tripoteur.

Avant sa mort, François Blanc avait fait un testament, aux termes duquel la fortune de ses enfants, s'ils meurent sans postérité, est partagée entre les autres frères et sœurs.

Quant aux gendres — tels les princes Radziwill et Roland Bonaparte — ils jouissent de l'usufruit de la fortune jusqu'à la majorité des enfants.

Dans le cas où, comme Dieu, ils n'auraient point procréé d'enfants à leur image, il ne leur eut été attribué que la rente d'un capital de 500,000 francs.

Ces explications sont nécessaires pour l'intelligence de ce qui va suivre.

J'oubliais de rappeler que François Blanc désirant régler d'avance ses comptes avec l'Éternel avant de quitter notre monde de misères, a laissé à l'église Saint-Roch le modeste capital de CINQ CENT MILLE FRANCS pour assurer le repos dans l'au-delà à sa pauvre âme de corsaire...

Mme Blanc était veuve, elle avait quarante-quatre ans, sa fortune personnelle était considérable.

Antoine Bertora rêva de l'épouser. Mais son rêve à elle, Mme Blanc, outre qu'elle considérait son amant comme un imbécile, était d'être princesse. Elle sentait bien que sa fortune lui permettait d'acheter une couronne. Elle en avait bien acheté pour ses filles.

Antoine Bertora — je regrette de parler de ce bellâtre, mais il est intimement lié à l'histoire de la famille Blanc — ne se rebuta pas pour si peu.

Il tenait la femme par les sens, et, au risque s'il devenait son mari d'être plus souvent giflé, il tenta l'impossible pour remporter cette victoire.

Il acheta un titre de comte romain. Sa couronne frais dorée n'éblouit pas la mère Blanc.

Elle voulait être princesse et chercha dans son entourage le fiancé de son choix.

L'appartement qu'elle occupait rue de Rivoli était un passage. Elle y tenait table ouverte et nous verrons plus loin qu'elle fut en relations avec les plus hautes personnalités de l'époque.

Bertora, dont l'appartement situé au-dessous de celui de Mme Blanc, communiquait par un escalier dérobé avec la chambre de sa maîtresse, assista — Alphonse pensif — aux coquetteries sans succès de la veuve dont le cœur rajeunissait.

Un instant même il put croire la partie définitivement perdue pour lui.

Le prince de Rohan (Benjamin pour la mère Blanc) faiblissait et était près de céder aux sollicitations de la vieille ambitieuse.

Mme Blanc princesse, c'était pour Bertora la mise à pied, honteuse et instantanée.

La fatalité lui vint fort heureusement en aide.

En juillet 1881, Mme Blanc, accompagnée de Bertora son fidèle, et de ses domestiques, quittait Monaco et se rendait à Moutiers (Savoie), en sa villa de Tarentaise.

A peine installée, Mme Blanc se sentait prise d'un malaise indéfinissable et succombait le 25 juillet, à cinq heures et demie du soir, en pleine santé.

En vain Bertora, le comte Bertora, la supplia de l'épouser *in extremis*.

Elle déclara avec force qu'elle mourrait Mme Blanc.

Dès le lendemain, le parquet était prévenu de cette mort insolite par un anonyme qui insinuait que Mme Blanc était morte empoisonnée.

Le parquet s'émut et, par ordre, le chef de la sûreté envoya à Moutiers un agent intelligent pour y faire une enquête. Cet agent s'appelait Melin.

Quand l'agent arriva, l'autopsie était déjà depuis longtemps pratiquée et il eut été matériellement impossible, même pour le chimiste le plus expert, de faire aucune expérience sur ce cadavre vidé, lavé, recousu.

Le certificat du médecin était d'ailleurs favorable, et les témoins Collin, directeur des établissements thermaux de Brides, et Joriaz, notaire, ne savaient rien.

L'affaire n'eut pas de suites, personne de la famille de Mme Blanc ne désirant qu'elle en eut.

A quoi bon du scandale !

Mieux valait s'entendre en famille, partager la succession fort coquette de la défunte, et assurer un sort à Antoine Bertora.

Le comte romain est devenu depuis inamovi-
ble, et les enfants du couple Blanc lui témoi-
gnent, ainsi qu'il convient, autant d'estime que
de reconnaissance, en souvenir de leur mère
qu'il aima jusqu'à sa mort, des services qu'il
leur rendit, et de ceux qu'il leur rendra encore.

LES HÉRITIERS

Le couple Blanc a laissé quatre enfants, quatre louveteaux, dignes rejetons d'une aussi noble souche : Camille et Edmond ; Louise et Marie ; Charles, mort à Naples.

Au surplus, verrons-nous, au cours de cette étude, que gendres et brus forment la bande la mieux assortie. *Une chouette famille,* comme dit la chanson.

Il était certain que d'honnêtes gens ne pouvaient entrer dans cette tribu de mécréants et de tripoteurs, ou en sortir.

Il semblerait que l'atavisme eut interdit à l'honneur de toucher ces gens-là.

La biographie des héritiers du père Blanc va en fournir la preuve indéniable.

CHARLES BLANC

François Blanc a deux péchés de jeunesse à se reprocher. J'entends par là qu'il procréa ou crut procréer — ce qui est tout un — deux fils, en collaboration avec une maîtresse quelconque.

Ces deux fils sont Charles et Camille, devenus ultérieurement, après légitimation, Charles et Camille Blanc.

Faisons dès maintenant une remarque qui, à la lecture de cette brochure, sera confirmée par chaque chapitre.

Tous les héros de l'histoire de Monte-Carlo furent enfants naturels ou en eurent, selon que leurs parents ou eux-mêmes régularisèrent des situations faussées par des maîtresses.

Examinons d'abord la vie de Charles Blanc, la victime de la famille.

La mère Blanc, dont il n'était pas le fils, le haïssait. Elle le considérait comme un intrus, un voleur de succession future. Le père Blanc, par coupable faiblesse, laissait faire.

Habillé plus misérablemeut que le plus humble domestique de la maison, plus mal traité qu'un chien, Charles Blanc vivait en paria dans la famille ; Edmond Blanc, son demi-frère, particulièremeut aimé et choyé par la mère Blanc, se montra, plus qu'elle encore, acharné dans sa haine contre Charles.

Jamais, tant qu'il vécut, Edmond Blanc ne consentit à manger à la même table que lui. Pour complaire à l'enfant gâté, Mme Blanc relégua Charles à l'office.

Ces rebuffades, ces persécutions de chaque jour, l'abandon où fut laissé le pauvre garçon, eurent pour effet d'affaiblir peu à peu son intelligence, à tel point que, vers l'âge de dix-huit ans, il était dans un état d'esprit voisin de l'idiotie. De déplorables habitudes contribuèrent à miner sa santé et à effacer ce qui lui restait d'intelligence. Sa belle-mère suivait avec intérêt les progrès du mal. La mort du malheureux devait augmenter la part de succession de chacun de ses autres enfants.

Le sort en décida autrement.

Vers l'âge de vingt ans, il eut une dernière lueur d'intelligence et rêva de se déniaiser. Un coiffeur de la rue du 29 Juillet eut pitié de lui et lui fit faire la connaissance d'une petite amie peu exigente, car il convient de bien faire remarquer que Mme Blanc, si généreuse avec son fils Edmond, laissait le plus souvent vide le porte-monnaie de Charles Blanc.

Mais sa maîtresse savait supporter les mauvais jours, soutenue par l'espoir de temps meilleurs. Ils vécurent, elle et lui, des subsides qu'avancèrent le fameux coiffeur à Charles Blanc jusqu'à sa majorité et Camille Blanc, qui n'était pas encore riche, et qui cependant ne marchanda jamais à son frère malheureux les preuves de son affection.

Cependant la santé du jeune homme déclinait visiblement ; sa maîtresse jugea l'instant propice arrivé et se fit épouser par lui.

Il faut lui rendre cette justice qu'elle le soigna avec un très sincère dévouement.

Charles Blanc était mourant.

Les médecins ordonnèrent son départ pour le Midi.

Il se rendit en Italie et mourut à Naples en 1884.

Mais on avait dû, à sa majorité, verser à Charles Blanc la part de succession qui lui revenait de son père François Blanc.

La digne mère Blanc pleura toute sa vie la perte de cet argent qu'elle considérait comme volé et elle n'eut pas la suprême joie de voir mourir le pauvre jeune homme.

Trois ans auparavant elle l'avait précédé dans la tombe.

CAMILLE BLANC

———

Peu de choses à dire de celui-là, c'est encore avec son frère Charles le moins taré de la famille. Fils naturel du père François, légitimé dans la suite, il s'occupe peu de son demi-frère et de sa demi-sœur dont il n'eut jamais à se louer.

Lui aussi fut considéré par la mère Blanc et son fils chéri Edmond comme un intrus dans la maison, comme un voleur éventuel de la succession à venir du père Blanc.

Plus fortement trempé que son frère Charles, il sut tenir tête à Mme Blanc qui n'osa pas ostensiblement le maltraiter; mais envers lui, elle ne fut pas plus généreuse qu'envers Charles Blanc et, jusqu'à la mort de son père, Camille Blanc fut dans un état de fortune des plus précaire.

Mme Blanc, sa belle-mère — on pourrait dire sa marâtre — ne s'occupa de son beau-fils qu'une seule fois, c'est à l'époque où il eut la fièvre typhoïde. Il fut très gravement malade, si gravement même qu'on craignit pour sa vie.

Mme Blanc s'émut. Pour être tenue au courant des progrès du mal qu'elle espérait bien devoir être mortel, et surtout pour accélérer l'issue fatale, elle intéressa à sa cause, moyennant d'énormes honoraires payés d'avance, deux médecins qui se concertèrent pour aider le jeune homme à trépasser plus vite.

Cependant la maîtresse de Camille Blanc, une femme celle-là et une femme de cœur, crut voir clair dans le jeu des médecins choisis par Mme Blanc.

Elle prit une résolution extrême, jeta à la porte les complices de la vieille et choisit un autre médecin. Celui-ci déclara que le traitement ordonné à Camille Blanc était de tous points contraire à sa maladie.

Camille Blanc fut soigné par sa maîtresse avec un dévouement sublime, et c'est à elle qu'il doit d'avoir été rappelé à la vie.

Il lui manifesta sa reconnaissance en l'épousant. Il a fait là acte d'honnête homme...

Quand François Blanc mourut, Camille Blanc fit immédiatement poser les scellés dans l'appartement de la rue de Rivoli.

Mais, depuis déjà longtemps, la mère Blanc avait *garé* en lieu sûr, disons pour préciser, à la Banque de France, tous ses bijoux dont la valeur dépassait plusieurs millions.

On peut donc dire sans être taxé d'exagération

que Mme Blanc a distrait de la succession de son mari en faveur de ses enfants et au détriment de ses beaux-fils, Charles et Camille Blanc, une somme de 15,000,000 environ.

C'est du vol pur et simple, ou je n'y connais plus rien.

Camille Blanc n'a su que plus tard qu'il avait été floué par sa marâtre et son demi-frère. Pour éviter le scandale, il a préféré n'y pas mêler la justice.

Pourtant, ne vous hâtez pas de plaindre Camille Blanc.

Il est, lui aussi, l'un des gros actionnaires du tripot de Monte-Carlo.

Son honnêteté et sa valeur morale me paraissent donc quelque peu faisandées.

Mais, au moins, a-t-il la sagesse et le bon goût d'éviter la réclame tapageuse dont son demi-frère Edmond Blanc, chevalier de la Légion d'honneur et maire de La Celle-Saint-Cloud, se montre si friand.

Il a désiré qu'on le laissât tranquille et fait tous ses efforts pour n'attirer sur lui l'attention de personne. C'est un bon point à son actif. Laissons donc ce croupier sportsman. Pour ce palefrenier qui voudrait être homme du monde sa place est d'ailleurs auprès de ses chevaux à l'écurie.

EDMOND BLANC
MAIRE DE LA CELLE-SAINT-CLOUD

EDMOND BLANC

Celui-là, c'est le parent riche et le mieux arrivé de la famille.

Officier municipal et décoré ! le fils de François Blanc ! C'est à pouffer de rire.

Honorable, M. le maire de La Celle-Saint-Cloud l'est au suprême degré.

N'est-il pas chevalier de la *Légion d'honneur* ?

Que si vous désirez savoir comment M. le maire de La Celle-Saint-Cloud a gagné sa croix *d'honneur,* je ne pourrai mieux vous répondre qu'en reproduisant *in extenso* le rapport de M. Colfavru, député :

« Par décret en date du 13 juillet 1887, rendu sur la proposition du ministre de l'Agriculture, M. Edmond Blanc a été nommé chevalier de la Légion d'honneur avec cette mention : « Propriétaire éleveur, services exceptionnels rendus à l'industrie chevaline.

« Cette nomination causa dans l'opinion publique, et particulièrement à Nice, un pénible étonnement. On y disait hautement que c'était la roulette de Monaco qu'on avait décorée de la croix de la Légion d'honneur, en la personne de M. Edmond Blanc.

« Ces accusations prirent, dans la plainte *anonyme* qui nous fut adressée, une forme plus violente encore ; et votre Commission s'est efforcée, en les examinant avec sang-froid, d'en rechercher et d'en apprécier la justification.

« Voici les éléments d'information qui lui ont été fournis par l'examen des dossiers de M. Edmond Blanc, au ministère du Commerce et de l'Industrie, à la grande chancellerie de la Légion d'honneur, au ministère de l'Agriculture et par les déclarations mêmes de M. Blanc devant la Commission.

« Le 28 décembre 1886, M. le ministre du Commerce et de l'Industrie recevait de M. le président de la République la communication suivante :

M. le président de la République me charge d'avoir l'honneur de vous informer qu'il met à votre disposition une croix de chevalier en faveur de M. Blanc (Edmond), membre du jury de l'Exposition d'Anvers.

« La proposition eut lieu le 31 décembre, mais la chancellerie ayant soulevé la question de savoir si M. Blanc avait été réellement membre du jury de l'Exposition d'Anvers, le projet de décret fut retiré à la date du 8 janvier 1887, et le 2 février la croix fut restituée par le ministre à M. le président de la République, ainsi que cela résulte d'une lettre dont nous avons extrait ce qui suit :

Par lettre du 28 décembre dernier, vous avez bien voulu m'informer que M. le président de la République mettait à ma disposition, à titre définitif, une croix de chevalier de la Légion d'honneur destinée à M. Blanc, N'ayant pu comprendre M. Blanc dans les propositions que j'ai soumises à l'approbation du Conseil de l'ordre de la Légion d'honneur, je m'empresse de restituer cette croix à M. le président de la République.

« M. Edmond Blanc, ou le personnage important qui le patronnait, devait donc chercher un autre titre *exceptionnel*, puisque celui de membre de 'Exposition d'Anvers avait été contesté. Quatre mois plus tard, le 4 avril 1887, M. le ministre du Commerce et de l'Industrie adressait à M. le président de la République une lettre ainsi conçue :

Monsieur le président de la République,
Vous m'avez fait l'honneur de mettre à ma disposition une croix de chevalier de la Légion d'honneur pour être accordée à M. Edmond Blanc, président de llAssociation des membres fondateurs du Musée commercial et industriel français. J'aurai l'honneur de comprendre M. Blanc dans la plus prochaine promotion qui sera par moi soumise à votre signature.

« Ces nouveaux titres de président de l'Association des membres fondateurs du Musée commercial et industriel français parurent-ils aussi insuffisants que les premiers ? Il faudrait le croire ; car, le ministère Goblet ayant été renversé, M. le secrétaire général de la présidence écrivait au ministre de l'Agriculture du nouveau cabinet, sous la date du 28 juin :

Monsieur le ministre,

J'ai l'honneur de vous faire connaître que M. le président de la République met à votre disposition une croix de la Légion d'honneur pour être donnée à Mi Edmond Blanc. — Cette croix avait été précedemment mise à la disposition de M. le ministre du Commerce.

« M. le ministre de l'Agriculture s'informa-t-il des causes qui l'honoraient d'une telle préférence et qui privaient M. le ministre du Commerce de décerner à M. Edmond Blanc la haute récompense due aux services exceptionnels de M. le président de l'Association des membres fondateurs du Musée commercial et industriel français ?

« Quoi qu'il en soit, il fut séduit, paraît-il, par la richesse des haras de M. Edmond Blanc ; et l'obsession présidentielle aidant, M. Blanc fut décoré de la Légion d'honneur pour *services exception-nels rendus à l'industrie de la race chevaline.*

« La Commission n'a d'ailleurs rien trouvé dans le dossier de M. Blanc qui justifie ces prétendus services.

« Aussi, quand on considère la pauvreté et l'incertitude de ces titres qui pourtant prétendent à une si haute distinction, on constate avec tristesse la coïncidence qu'il y a entre la révélation si soudaine des mérites de M. Edmond Blanc, et

la révélation non contredite, mais au contraire,
reconnue exacte par lui, du traité intervenu entre
lui et M. Wilson en octobre 1886, traité publié en
ces termes par le journal le *XIXe Siècle*, numéro
du 25 novembre 1887.

*Extrait des minutes du greffe de la justice de paix
du canton de Tours-Centre (Indre-et-Loire).*

De l'expédition d'un acte dressé par Me Ragot, notaire à Paris, le vingt-trois octobre mil huit cent qua-
tre-vingt-six, annexé à un acte de dépôt dressé au
greffe le seize novembre suivant, enregistré à Tours
le lendemain, folio 38, rôle 6, il a été extrait ce qui
suit : Société anonyme de la *Petite France*. Liste de
souscription à deux cents actions nouvelles. 1° Blanc
(Edmond), propriétaire, 43, rue Dumont-d'Urville,
Paris. Pour extrait conforme délivré par le greffier
soussigné. Signé Bréchet.

« Rapprochons ces deux dates : 1° 23 octobre
1886, date de la souscription (100.000 francs) par
M. Edmond Blanc, à la *Petite France* ; 2° 28 décembre 1886, mise à la disposition du ministre
du Commerce et de l'Industrie, par M. Grévy,
président de la République, d'une croix de chevalier de la Légion d'honneur pour M. Edmond
Blanc ; et demandons-nous s'il n'y a pas là l'in-
dice trop vraisemblable d'un abus d'influence
bien autrement exceptionnel que les titres invoqués par le décret du 7 juillet 1887.

« Invité par la Commission à s'expliquer sur la
diversité des titres successivement invoqués pour

justifier une décoration qui semblait le rechercher plus qu'il ne la poursuivait lui-même,
M. Edmond Blanc a répondu comme suit :

J'ai été le familier de l'Elysée pendant trois ans.
Souvent j'ai été admis à la table de M. Grévy et j'ai
fréquenté la salle d'armes de l'Elysée, où je faisais de
l'escrime avec M. Wilson.

C'est à cette époque que j'ai mis cent mille francs
dans la Société anonyme de la *Petite France*... J'ai
été décoré pour avoir établi en France un établissement d'élevage comme il n'en existe pas. J'ai acheté
plus de 300 chevaux.

On paraît m'objecter que c'est grâce à ma fortune
que j'ai pu fonder cet établissement. Ceci n'est pas
exact. Il est certain qu'il faut des capitaux pour fonder cette entreprise ; mais il faut autre chose ; et les
connaissances, la compétence qu'il m'a fallu acquérir,
représentent bien quelque valeur et me sont bien per-
sonnelles.

On a décoré M. Lupin dans les conditions où j'ai
été décoré moi-même.

« Quant à l'imputation relevé contre lui relativement à la maison de jeu de Monaco :

J'ai, dit-il, vendu depuis longtemps mes parts. La
maison de Monaco est constituée en Société anonyme.
Elle a été formée quinze ans avant la mort de mon
père. Je n'ai aucun intérêt dans la Société ; je n'ai
jamais fait partie de son Conseil d'administration. Je
n'ai absolument rien à voir dans la Société.

« Ainsi, de l'aveu même de M. Edmond Blanc, il
n'aurait été décoré que pour avoir fondé en

France un établissement d'élevage, *comme il n'en existe pas*, et pour avoir réuni à grands frais plus de trois cents chevaux.

« Assurément, c'est faire un utile et agréable usage de sa fortune que de satisfaire son goût et sa passion pour le perfectionnement de la race chevaline, et de pouvoir consacrer à cette satisfaction des capitaux considérables ; mais n'apparaît-il pas à tous les hommes les plus indulgents que cette satisfaction doit se suffire à elle-même, et qu'elle ne saurait avoir aucune prétention justifiable à une distinction qui n'a été créée que pour récompenser les glorieux, patients et éclatants services.

« C'était la première fois qu'un haras était décoré dans la personne de son propriétaire ; et ce propriétaire, très riche héritier, n'avait pas 33 ans.

« Messieurs, votre Commission doit borner là l'impression de ses sentiments, et elle émet l'avis que M. Blanc n'a dû sa décoraiion qu'à l'étrange obstination de la présidence, dominée elle-même par la plus néfaste influence, victorieuse de tous les scrupules ministériels, et trop oublieuse des statuts de la Légion d'honneur. »

On ne me reprochera pas, je suppose, d'avancer des faits à la légère, et d'accuser à tort M. le maire de La Celle-Saint-Cloud, chevalier de la Légion d'honneur, d'avoir bel et bien *acheté sa croix* ?

Voyons maintenant comment M. Edmond Blanc est devenu maire de son village.

Sa marotte, au bon jeune homme, est d'être, comme on dit, quelqu'un. Comme César, il a préféré être le premier dans son village, que le dernier dans la capitale, et il sentait bien que son titre de propriétaire de Monte-Carlo, de croupier chef, n'équivalait pas à un brevet d'honneur.

C'est pour se réhabiliter aux yeux de ses concitoyens qu'Edmond Blanc a acheté son rubanrouge.

Passe, Impair et Manque.

Après avoir saigné bon nombre de ses contemporains, il a voulu faire saigner sa boutonnière.

C'est pour se réhabiliter aux yeux de ses concitoyens, qu'il a voulu aussi devenir maire d'une commune quelconque ; éloigné de Monaco autant que possible, parce qu'on l'y connaîtrait moins, proche de Paris cependant, pour sa commodité d'abord, parce qu'ensuite les électeurs plus civilisés, moins farouches, ont la probité moins sauvage.

Il a jeté son dévolu sur La Celle-Saint-Cloud, qui ne lui avait cependant rien fait. La commune compte peu d'électeurs. Leur conversion était plus facile.

Ne pouvant être maire d'Eu — la place étant prise — il s'est rendu à La Celle.

Maire d'Eu ou maire de La Celle, ça se touche, d'ailleurs, au moins comme fonctions.

A La Celle-Saint-Cloud, Edmond Blanc avait son haras. Il était donc sinon le plus digne, du moins le plus riche de son bourg.

Pour se faire élire maire, à l'un il promet ceci, à l'autre cela, à tous quelque chose. Le maire en fonctions fut exproprié pour cause d'inutilité publique, et Edmond Blanc put réaliser son rêve en partie du moins.

Ce qui n'est pas sans intérêt, c'est de savoir que M. Berthault, menuisier, maire de La Celle-Saint-Cloud, dès le lendemain du jour où il démissionna en faveur de M. Edmond Blanc, fut nommé régisseur des propriétés de ce marquis de Carabas-Roulette ; c'était bien dû à l'officier municipal qui se sacrifiait pour lui.

Aussi, certains esprits forts ont-ils parlé à cette époque de corruption électorale.

Il faut avouer que toutes les suppositions sont permises.

Mais les électeurs n'ont point pour coutume de sentir l'argent qu'un ambitieux dépense au profit de leur commune.

Le doux Edmond ceignit la sous-ventrière tricolore, en guise de bandage herniaire, et présida au mariage de ses concitoyens ; sa vie passée, sa vie privée, ses origines, ses aspirations, la source de sa fortune, sa probité bien connue sur les turfs, prédisposaient superbement le nouveau maire de La Celle-Saint-Cloud au rôle de magistrat municipal.

Le maire, chevalier de la Légion d'honneur, vivait, en effet, depuis plusieurs années avec Héloïse-Caroline Marot, dite Alice Marot, que nous vîmes autrefois, dans des bouts de rôle sans importance, sur la scène du Palais-Royal.

Alice Marot, fort connue dans le monde de la haute noce et des agences matrimoniales temporaires, séduisit par ses allures de fille à vendre le futur maire de La Celle-Saint-Cloud.

Après quelques rencontres d'occasion, Edmond Blanc en fit sa maîtresse.

Fine mouche, comme toutes ses pareilles, ambitieuse plus qu'elles, Alice Marot rêva de régulariser sa fausse situation et de se faire épouser par son amant en justes noces.

Mais, Alice Marot était..... mariée.

Faisons pour cette femme célèbre de La Celle-Saint-Cloud ce que Plutarque — pauvre Plutarque! — fit pour les hommes célèbres de la Grèce. Prenons-la au berceau, et suivons-la dans la vie.

Le 13 février 1853, Catherine Parïs, âgée de vingt-six ans, épouse de Jean-Louis-Edme Marot, scieur de long, âgé de vingt-cinq ans, accouchait, en la salle du cours d'accouchement de l'hospice de Troyes, d'une fille.

Virginie Romanet, sage-femme, faisait à la mairie, le 15 février, la déclaration de naissance de l'enfant, à qui on donnait les prénoms de Caroline-Héloïse.

Caroline-Héloïse est devenue depuis Alice Marot. Elle est Mme Edmond Blanc depuis son dernier avatar.

Disons en passant que les témoins de la naissance de Mme la mairesse de La Celle-Saint-Cloud furent les sieurs Jean-Bernard Latruffe, bonnetier et Louis Souverain, taillandier.

Deux ans plus tard, en 1855, le 6 mai, Edme-Louis Marot, père de Mme Edmond Blanc, mourait à l'hôpital de Troyes.

En 1869, nous retrouvons Caroline-Héloïse Marot avec sa mère à Paris, rue de l'Impératrice, n°14.

Elle était lingère à cette époque. Dès sa jeunesse, la vierge timide eut la vocation, comme vous voyez, de blanchir les jeunes et de reverdir les vieux.

C'est vers cette époque que la belle-mère future de M. le maire de La Celle-Saint-Cloud se mit en ménage avec un certain Boiteux, pour qui Mme Edmond Blanc professe une si vive amitié qu'elle l'appelle tout bonnement : papa. Oh! l'amour filial.

C'est à cette époque également que Caroline-Héloïse Marot, en allant chercher du linge sale, sans doute, fit la connaissance d'un menuisier irrésistible répondant aux nom et prénom d'Eugène Thomas.

Son père était valet de chambre et sa mère femme de chambre chez le comte de Mézy.

On convint, pour éviter les avaries, d'unir les deux amoureux par les indissolubles liens du mariage.

Le samedi 13 novembre 1869, à dix heures vingt du matin, en la mairie du XVIIIe arrondissement, Caroline-Héloïse Marot comparaissait devant M. le maire, en compagnie de son Eugène Thomas, né le 21 janvier 1844 à Mézy (Seine-et-Oise).

Elle avait à ce moment seize ans, étant née elle-même le 13 février 1853, à l'hospice de Troyes (Aube).

Les témoins du mariage étaient : Gamelier, vitrier ; Thomas Toussaint, pourvoyeur ; Foyer Auguste, menuisier ; et Lecuq Gervais, ferblantier.

Les deux tourtereaux s'aimèrent encore quelques mois.

Ils habitaient 16, rue du Delta.

Le 22 septembre 1870, à six heures du soir, Mme Caroline-Héloïse (dite Alice) Marot-Thomas-Blanc enfantait dans la douleur, comme une simple mère de Dieu.

Louis-Charles Thomas était né, digne produit d'une aussi pure race.

Les témoins de la naissance de Thomas fils, furent M. Poitrine, banquier, et Guillot, négociant.

Les relations de la femme Thomas s'étendaient déjà.

On n'en était plus aux pourvoyeurs et aux ferblantiers. Eugène Thomas n'était plus seulement menuisier, comme l'année précédente, sa profession était double ; on lit dans l'acte de naissance de son fils : « Menuisier-ébéniste. »

Cependant la guerre avait éclaté, et après nos désastres, la Commune. Eugène Thomas avait senti le besoin, comme menuisier sans doute, de *raboter* quelque chose, et il avait marché contre le gouvernement de Versailles.

Quand l'insurrection fut étouffée, Eugène Thomas fut arrêté et comparut devant le conseil de guerre de Versailles, qui le condamna, pour participation à la Commune, à un an de prison.

Il subit sa peine à la prison de Nevers.

Il ne put donc s'occuper de sa femme et de son enfant.

Mme Héloïse-Caroline Thomas ne fut pas embarrassée pour si peu.

Elle était jolie, encore très jeune, peu dégoûtée. Elle se laissa aider par Pierre et Paul. La galette avant tout. Sa vie fut, jusqu'en 1878, quelque peu accidentée.

Elle connut alors M. le maire de La Celle-Saint-Cloud et sa fortune se dessina nettement.

Nous ne nous amuserons pas à suivre jour par jour l'existence scandaleuse de la donzelle et à énumérer l'armée d'amants quelle mobilisa.

Le seul point de la biographie qui intéresse le

lecteur est celui où fulgure la sympathique silhouette de M. le maire de La Celle-Saint-Cloud.

En 1881, M. Edmond Blanc et Alice Marot, femme Thomas, habitaient ensemble, 4, rue de Marignan.

On y faisait la grande fête et, régulièrement, chaque soir, Elle et Lui incapables, ayant trop caressé la dive bouteille, de coucher ailleurs que sous la table, étaient emportés, déshabillés et couchés par les soins de leurs domestiques.

Pour les autres locataires de la maison, cette vie d'orgies quotidiennes était insoutenable.

M. le baron Poisson, qui avait le malheur d'habiter lui aussi le même immeuble que le digne couple, se vit contraint d'en faire expulser M. Edmond Blanc et sa maîtresse.

Elle se fit alors payer par son amant son hôtel de la rue Montchanin, 17, qu'elle a vendu l'an dernier.

De son côté, M. Edmond Blanc achetait un hôtel rue Dumont-d'Urville, 43, où — il faut lui rendre cette justice — il ne coucha pas souvent.

Alice Marot continuait l'éducation de son fils, grâce aux rentes de son amant. Elle n'avait pas oublié non plus maman Marot et papa Boiteux qui vivaient toujours en ménage à Vaugirard.

La maison qu'ils habitaient, M. le maire de La Celle-Saint-Cloud l'a achetée pour le compte de sa maîtresse.

Celle-ci la fit réparer, agrandir, embellir, et la revendit avec un gros bénéfice.

Elle installa alors maman Marot, 2, place des Batignolles, où elle mourut le 5 juillet 1887. Les témoins qui signèrent l'acte de décès sont deux employés : MM. Sapin et Chapon.

Mme Alice Marot-Thomas installa alors papa Boiteux à Bois-Colombes, où il vit en bon rentier, de par les largesses (?) de la fille de son ancienne maîtresse.

Quand M. le maire de La Celle-Saint-Cloud est absent de sa commune, papa Boiteux vient voir madame. On le fait bien manger, bien boire, et dans le salon où Mme Edmond Blanc le conduit ensuite, il fume force cigares arrosés d'un cognac qu'il estime tout particulièrement.

Le bonhomme se trouve si bien au château de La Celle, que ce n'est pas sans peine qu'on peut l'en faire déguerpir.

La petite fête de famille se termine habituellement par un duo d'injures, dans lequel Mme la mairesse tient magistralement sa partie...

Donc, Mme Caroline-Héloïse Thomas rêva d'épouser son amant.

Elle avait déjà une assez jolie fortune provenant de la vente de la maison de Vaugirard, de cent actions de Monte-Carlo dont elle est titulaire, de deux ou trois immeubles à Paris, de son hôtel de la rue Montchanin, sans compter ses économies.

Oh ! ses économies. Voici son moyen pour en faire, quand elle n'était pas encore l'*épouse*.

Ses fournisseurs devaient doubler le total réel de la facture, sous peine d'être immédiatement changés.

L'amant payait; Alice mettait la différence dans sa poche.......

Elle avait de la fortune, mais celle de son amant la faisait furieusement loucher.

Aussi travailla-t-elle de toutes ses forces pour se faire épouser par le jeune et naïf millionnaire.

Mais il lui fallait d'abord divorcer d'avec son Thomas.

On chercha des causes de divorce, et l'une de celle qu'on trouva, est de telle nature, qu'il est difficile de la dire en français convenable.

Nous possédons copie des motifs assez piquants de ce divorce inconnu du public, mais nous regrettons vivement de ne pouvoir les lui faire connaître pour l'édifier sur la haute moralité des châtelains de La Celle-Saint-Cloud.

Le divorce fut prononcé le 11 novembre 1886, par la 4ᵉ chambre du tribunal civil, Mᵐᵉ Héloïse-Caroline Marot, étant demanderesse.

Eugène Thomas ne comparut pas, les sommations et assignations prescrites par la loi lui ayant été régulièrement faites à son domicile, 34, rue Gabrielle, à Montmartre.

Tout ce que je puis dire c'est que Eugène Thomas, contre qui le divorce a été prononcé, a été condamné à servir à sa femme Alice Marot une pension alimentaire de 1.200 francs, payable 100 francs par mois et d'avance.

Mais, quelle jolie et édifiante comédie que ce divorce! Au vu et su de tous les Parisiens, la femme Thomas, dès l'année 1878, était la maîtresse d'Edmond Blanc et vivait maritalement avec lui — ce qui ne l'empêchait pas d'accorder ses faveurs à d'autres.

Or, le divorce ne fut demandé par elle qu'en 1886. La digne femme, l'épouse outragée, a réfléchi pendant huit ans avant de se décider à faire réparer le semblant d'honneur qu'elle prétendait avoir conservé.

Et pour donner plus de poids à sa requête, elle millionnaire de par son amant, elle propriétaire à Paris, elle actionnaire du tripot de Monte-Carlo, elle mère d'un futur général, *Elle* enfin obtint de son pauvre bougre de menuisier de mari qu'elle trompait outrageusement une pension alimentaire! C'est le comble du cynisme et je me demande qui, de la femelle ou du mâle, de la femme Thomas ou d'Edmond Blanc, est le plus digne du mépris public dans cette comédie monstrueuse où toutes les passions les plus basses jouent leur rôle et où l'on chercherait en vain l'ombre d'une action honnête.

6.

La preuve qu'on ne voulait — comme le firent les Feneyroux — que ligoter le malheureux Thomas, c'est que, le divorce aussitôt prononcé, on l'expédia en Algérie où il vit aujourd'hui assez misérablement d'une maigre pension que lui sert le mari de sa femme.

Mais il est dûment prévenu qu'on lui coupera radicalement les vivres du jour où il aurait l'impudence de remettre le pied en France.

L'une des conséquences de cette interdiction de séjour est curieuse : l'un des témoins de Thomas Eugène, lors de son mariage avec Mlle Caroline-Héloïse Marot, Thomas Toussaint, pourvoyeur, son oncle, est mort. Il a laissé un terrain de plusieurs hectares sis à Mézy (Seine-et-Oise). Son héritier était Eugène Thomas. Tant que l'oncle Thomas Toussaint a vécu, l'impôt foncier a été payé.

Mais depuis que Mme Alice Marot est devenue mairesse de La Celle-Saint-Cloud, c'est-à-dire depuis que son premier mari, après le divorce, a été exilé comme un galeux en Algérie, ni Mme Edmond Blanc, ni son fils, ni personne n'a payé l'impôt dû. D'où il suit que le terrain, seule fortune du pauvre Eugène Thomas, va être vendu par l'État qui n'aime pas les débiteurs.

Je crois que M. le maire de La Celle-Saint-Cloud ignore ce bien foncier. Dans le cas contraire, il est probable qu'il l'eût déjà fait vendre et en eut employé le prix à l'achat d'une nouvelle table de roulette, ou d'une pouliche digne de Clamart, ce cheval fameux qui ne gagne que par accident.

Quand le temps prescrit par la loi fut écoulé, M. le maire de La Celle-Saint-Cloud, chevalier de la Légion d'honneur, épousa la femme Thomas, sa maîtresse.

Mais, pour que ce mariage ne fît pas de bruit, il fut célébré à Paris, à la mairie du XVIIe arrondissement, à trois heures du soir.

Les témoins de la femme Thomas et du maire de La Celle-Saint-Cloud, chevalier de la Légion d'honneur, furent :

Pour M. Edmond Blanc :

1° Paul Mure de Pélanes, capitaine au 3° cuirassiers (Versailles).

2° Auguste Piédallu, ancien premier clerc de M° Bazin (notaire de la famille Blanc). s'intitulant rentier, est l'homme d'affaire d'Edmond Blanc et de sa sœur la princesse Constantin Radziwill (s'occupe de leurs intérêts à Monte-Carlo).

Pour Mme Héloïse-Caroline Thomas :

1° Ferdinand Lagarrigues, professeur du jeune Thomas;

2° Amédée Leduc, secrétaire d'Edmond Blanc (se disant rentier).

Comme François Blanc et sa femme étaient rentiers, Edmond Blanc et sa femme, dans l'acte de mariage, se déclarèrent propriétaires, se souvenant sans doute de cette phrase de Proudhon : « La propriété, c'est le vol. »

Cependant le petit Thomas est devenu grand.

En vain il a couru après le baccalauréat réfractaire. Le diplôme n'a pas voulu entrer dans cette noble famille.

La mairesse de La Celle-Saint-Cloud, froissée dans son amour aussi propre que maternel, a décidé que Victor — on l'appelle Victor en famille — s'engagerait.

Le fils du menuisier condamné par le tribunal de guerre de Versailles, le fils de l'actrice Alice Marot, le petit-fils des domestiques du comte de Mézy, le beau-fils enfin du principal propriétaire du tripot de Monte Carlo et son futur héritier, a donc fait à l'armée l'honneur de s'engager.

Le 3ᵉ cuirassiers, à Versailles, ne s'est pas montré trop sévère et l'accueillit.

Il est maintenant maréchal des logis de manège au Prytanée de La Flèche, et beau-papa entretient largement l'héritier du nom de la dynastie des Thomas.

Thomas, Louis-Charles, dit Victor, est certes l'un des *Sous-Off* de l'armée les plus heureux.

Je souhaite au sous-officier de manège de devenir sous-lieutenant et plus tard général. Toutefois, j'en doute.

Il n'est pas, dans toute l'armée française, un

ALICE MAROT — Mme EDMOND BLANC

MAIRESSE DE LA CELLE-SAINT-CLOUD

P. 121-122.

corps d'officiers qui ferait bonne figure au beau-fils de la Roulette de Monte-Carlo et l'accepterait comme camarade.

On lui ferait comprendre assez vite que sa place n'est pas, tant qu'il vivra du jeu, lui aussi, à côté de notre drapeau.

Si le sous-officier ne l'a pas vu, l'officier s'en apercevrait vite.

D'ailleurs, comment deviendrait-il général, le bon jeune homme ?

Il faut, maintenant, pour être nommé officier, que les sous-officiers passent par une école : les artilleurs à Versailles, les fantassins à Saint-Maixent, les cavaliers à Saumur.

Le jeune Thomas, beau-fils d'Edmond Blanc, est bien entré à Saumur, mais il en est sorti... par la petite porte, Grosjean comme devant, fruit sec en un mot.

Décidément les examens ne sont pas son fort.

Il ne lui reste plus, pour gagner l'épaulette, comme on dit, qu'à faire une action d'éclat sur un champ de bataille futur, voire même sur un champ de courses.

Mais il préférera sans doute à la discipline mi-litaire, si douce qu'on la lui fasse, les douceurs de l'oisiveté dorée par le tripot monégasque.

En attendant, et quoique lui réserve l'avenir, grâce aux décavés de la Roulette et aux suicidés du trente et quarante qui alimentent de leur fortune le porte-monnaie du papa beau-père, le jeune écuyer de manège fait de sa situation militaire une position presque libérale.

Son uniforme de sortie est d'une invraisemblable fantaisie qui amuserait fort M. le ministre de la Guerre s'il rencontrait le dimanche le *marchi* à sa descente du train à Vaucresson. Un coupé à deux chevaux à la livrée — jaune naturellement — de son digne beau-père, attend Monsieur. La femme Thomas est venue au devant de Thomas fils.

On s'effusionne, on s'embrasse, et fouette cocher.

Il faut arriver pour l'heure de la grand'messe, afin d'édifier les populations et de mériter les félicitations et l'évang élique réclame de l'abbé Vabre, curé de La Celle-Saint-Cloud.

Car, en vieillissant, Alice Marot, la cynique dégrafée de jadis, a versé dans la religion.

Pendant que M. le maire de La Celle-Saint-Cloud, chevalier de la Légion d'honneur, dotait le pays d'une pompe à incendie et le corps des pompiers de casques neufs — il faut toujours qu'Edmond Blanc pompe quelque chose ou fasse casquer quelqu'un — M. et Mme Edmond Blanc — là ce n'est plus le maire qui fonctionne mais le ménage Thomas-Blanc — faisaient restaurer l'église (en 1890), la décoraient de vitraux en l'honneur de N. D. du Saint-Rosaire, offraient une cloche, une paire de gros candélabres, une bannière pour les processions et un luxueux tapis — en souvenir des tapis verts de Monte-Carlo — qui sert les jours de mariage de marque.

A droite du chœur, bien en évidence, comme il convient, vous pourrez voir deux sièges en velours gros bleu accompagnés de deux prie-dieu portant, sur une plaque en cuivre, les noms de M. et Mme Edmond Blanc.

A côté, sont réservées les places de M. et Mme Smit et de Mme la comtesse de Ferron ; derrière, quatre prie-dieu portant cette mention : Les Bruyères.

Quel voisinage pour d'honnêtes gens !

Plus loin, quatre sièges pour les domestiques du couple Blanc-Thomas.

Les jours de fête, quand Thomas fils va à La Celle, comme il n'y a pas place pour trois, il accompagne sa maman à la messe et M. le maire reste à son écurie.

L'année dernière, lors de la première communion, les habitants de La Celle-Saint-Cloud ont assisté à un spectacle vraiment touchant.

Mme Edmond Blanc, femme divorcée Thomas née Caroline-Héloïse Marot, a pris sous sa haute protection les écoles et toutes les œuvres.

Après la messe, au nombre de quarante-six, premières et premiers communiants ils se rendirent processionnellement au château, sous la conduite des sœurs ; pauvres saintes filles !

Là, après plusieurs cantiques, on présenta des adresses à la mairesse, qui offrit des rafraîchissements aux enfants et leur fit un petit discours pour leur recommander de rester toujours vertueuses.

Si cependant Alice Marot avait toujours été vertueuse, elle ne serait pas aujourd'hui Mme Edmond Blanc.

Vous représentez-vous ce tableau familial !

Côte à côte, l'un des hommes de notre temps, les plus néfastes et les plus tarés, puisqu'il vit de la ruine des autres, et l'une des femmes dont l'alcôve (au temps de sa jeunesse et de sa beauté) — il y a longtemps ! — fut le mieux achalandée.

Et cette paire d'honnêtes gens, l'un parce qu'il est maire, l'autre parce qu'elle est mairesse, tous deux parce qu'ils sont riches, ayant l'aplomb d'attirer à eux d'innocentes fillettes et de leur prêcher le bien et la vertu.

Ah ! on n'est pas chatouilleux à La Celle-Saint-Cloud.

J'allais oublier de dire que Mme Edmond Blanc — l'ex-Alice Marot du Palais-Royal — avait généreusement habillé à ses frais six petites premières communiantes.

Deux cents francs de dépenses ! c'est énorme pour une avare comme elle.

Son idée fixe, à cette ancienne blanchisseuse, née à l'hôpital et dont le père est mort à l'hôpital, est qu'on la vole.

Elle rêve de ne point payer ses domestiques, envers qui, cependant, elle est d'une arrogance et d'une sévérité invraisemblables.

Il faut lui parler en la saluant jusqu'à terre et naturellement à la troisième personne.

Le domestique qui a cessé de plaire est congédié sans phrases, dans l'heure qui suit, brutalement.

Raymond, piqueur depuis quatorze ans au service d'Edmond Blanc, a été jeté à la porte sans motifs, par cette femme.

Le premier cocher a eu le même sort.

Ces pauvres gens étaient mariés et pères de famille.

Leur seul tort fut de ne pas plaire à Mme Thomas-Blanc.

Un dernier mot sur la charité de la *Dame Blanche* et sa façon de la pratiquer.

Un pauvre vient-il tendre la main ? elle le tutoie et lui jette comme à un chien un os, les vieux vêtements ou les quelques sous qu'elle a la générosité de lui donner.

Il est des filles tarées, devenues riches grâce à leurs vices, qui savent faire l'aumône et rachètent ainsi leur vie passée.

La femme Thomas n'a pas cette science et si

s on cœur a joué un rôle dans sa vie, c'est pour l'amour, et l'amour qui paye.

Donc, aujourd'hui que la femme Thomas est devenue l'épouse du maire de La Celle-Saint-Cloud et qu'elle est riche, elle n'a rien moins que la prétention de gérer la fortune, non seulement celle de son mari, mais celle de toute la famille. D'où des discussions quotidiennes. Quand la discussion a été trop pénible, M. le maire de La Celle-Saint-Cloud se console en compagnie de ses chevaux, ou bien, pour se venger de ses ennuis de ménage sur le bon public des joueurs, il combine avec ses entraîneurs ou ses jockeys un joli coup de coquin.

Le sort, qui est farceur, se met parfois et fort heureusement à la traverse des combinaisons de l'éleveur, célèbre par sa croix d'honneur.

Mais les complots réussissent de temps à autre, et l'officier municipal peut avec ravissement pêcher en eau trouble.

Car il ne faut pas oublier que M. le maire de La Celle-Saint-Cloud a deux cordes à son arc : le jeu à Monte-Carlo et le jeu aux courses.

Il est assez habile d'ailleurs pour gagner aussi bien à droite qu'à gauche. C'est une simple question d'argent à savoir résoudre en temps opportun. Et comme les questions d'argent se résolvent avec de l'or, les millions de M. Edmond Blanc lui assurent d'avance une facile victoire.

C'est ce qu'on appelle, dans ce monde d'escarpes bien mis, « combattre à l'arme *blanche* ».

Les deux principales..... indélicatesses commises aux courses par M. Edmond Blanc, maire de La Celle-Saint-Cloud et chevalier de la Légion d'honneur, sont connues. Nous les rappellerons cependant, pour qu'il ne soit pas tenté de nous les faire oublier.

La première fut commise à Auteuil. Il serait facile de retrouver la date. M. Edmond Blanc avait engagé deux chevaux pour la même épreuve, l'un s'appelait *Kapural*, l'autre le *Sphynx*. Le premier courait sous le nom de son entraîneur Maksey ; le second sous le nom de M. Edmond Blanc. Le public, d'après les performances du *Sphynx*, l'installait premier favori. Mais comme M. Edmond Blanc ne pouvait pas faire de paris sérieux sur le *Sphynx* qui était favori, il mettait une montagne d'or sur *Kapural*.

Le départ est donné : les deux chevaux se trouvaient absolument maîtres de la course à l'arrivée, et le *Sphynx* tirait maintenant double sur son camarade d'écurie. A ce moment, le jockey en selle sur le *Sphynx* arrêtait nettement le cheval pour laisser passer *Kapural*. Tumulte au pesage. On connaissait encore mal le célèbre éleveur! Les commissaires ordonnent une enquête et appellent Edmond Blanc et son entraîneur auprès d'eux. L'entraîneur Maksey accepte toute la responsabilité, prétendant que le cheval *Kapural* était bien à lui. *Kapural* et l'entraîneur se virent immédiatement disqualifiés pour l'éternité en France et en Angleterre.

Kapural acheva sa carrière en Allemagne.

M. Edmond Blanc fit bien les choses et l'entraîneur Maksey vit aujourd'hui fort tranquillement dans un gracieux cottage avec la rente que lui assura, pour prix de sa complaisance, M. le maire de La Celle-Saint-Cloud.

N'oubliez pas que M. Edmond Blanc est décoré pour avoir favorisé l'élevage en France et tiré pas mal de chevaux, sans compter le *Sphynx*.

La plus récente date du dernier grand prix de la ville de Paris.

M. le maire de La Celle-Saint-Cloud avait engagé pour cette épreuve spéciale, trois chevaux :

Gouverneur . . . . cote 4/1
Révérend . . . . — 6/1
Clamart . . . . — 8/1

Naturellement, c'est *Clamart* qui gagne la course, *Révérend* arrive second et *Gouverneur* n'est même pas placé.

Le tour était joué !

Les juges à l'arrivée n'ont pu se montrer sévères et le public n'a pas crié pour la raison que les deux premières places appartenaient au même propriétaire et qu'on payait au pari mutuel *l'écurie Blanc*.

N'empêche que M. le maire de La Celle-Saint-Cloud a recommencé le coup de Kapural.

Il s'était tellement engagé sur *Clamart*, que si *Révérend* fut arrivé, il eut perdu une somme fantastique.

Mais *Clamart* a gagné et M. Edmond Blanc a comblé et au-delà les pertes qu'il avait faites au Derby de Chantilly où une combinaison analogue n'avait pas réussi.

Ce qui prouve une fois de plus que *Révérend* et *Gouverneur* n'étaient pas inférieurs à *Clamart* et que l'un deux eût dù gagner le grand prix de Paris, c'est que le 9 juillet dernier *Révérend* gagnait à Leicester le prix des Prince of Wales's Stakes. Ce prix s'est élevé à 126,187 fr. 50 c.

De son côté *Gouverneur* arrivait second dans les Eclipses Stakes et recevait 12,500 francs.

Dans cette course il battait *Common* pour la seconde place.

Révérend et *Gouverneur*, chevaux de trois ans, triomphèrent donc de l'élite de leur génération en Angleterre, puisque *Common*, *Muni*, *Orviéto*, *the Deemster*, etc., ont succombé devant les deux poulains de M. le maire de La Celle-Saint-Cloud.

Le résultat du grand prix de Paris a donc été faussé et M. Edmond Blanc, le magistrat municipal, chevalier de la Légion d'honneur, a donc bel et bien triché.

Aussi la presse, même celle qui *doit* être timide

à l'égard des potentats de Monte-Carlo, faisait elle au lendemain de cette épreuve déconcertante des réserves capables d'ouvrir les yeux aux aveugles les plus incurables.

Ce qui est certain c'est que M. Edmond Blanc, à qui l'argent ne coûte pas cher, puisqu'il se contente de le prendre dans la poche des joueurs de Mont-Carlo, engloutit chaque année dans son haras de La Celle Saint-Cloud des sommes colossales.

Il a juré — et, comme il s'agit de son intérêt personnel, on peut croire à sa parole — de posséder très prochainement une écurie de courses telle qu'il gagnerait *tous* les prix dans *toutes* les épreuves et sur *tous* les hippodromes. Nous devons craindre cette promesse. M. Edmond Blanc, en dépensant son argent pour améliorer soi-disant la race chevaline, fait tout bonnement un placement qui doit lui rapporter, quand il sera mis en valeur, vingt ou trente pour cent d'intérêt.

Est-ce pour le récompenser à l'avance de cette combinaison financière qu'on a décoré M. le maire de La Celle-Saint-Cloud ? Un journal semble d'ailleurs avoir deviné les intentions de M. Edmond Blanc.

La *Nation* du 8 juin 1891 contenait ces lignes :

« M. Edmond Blanc fait chaque année les plus gros sacrifices pour mettre son écurie de courses au premier rang.

« Si ces efforts devaient se continuer, je me demande, en vérité, quels seraient dans deux ou trois ans les propriétaires songeant à lui disputer les gros morceaux. »

M. Edmond Blanc espère bien être à cette époque tout seul pour ramasser et manger la *galette.*

Il adopte aux courses le principe de la Banque juive à la Bourse.

Et si les sociétés de courses ne prennent pas dès maintenant des précautions, il me paraît que les prix à venir passeront régulièrement dans la poche de M. Edmond Blanc.

La combinaison du maire de La Celle-Saint-Cloud, encore qu'elle soit malhonnête, ne manque pas d'ingéniosité, il faut le reconnaître.

D'une intelligence plus que modeste dans tous les cas, M. Edmond Blanc n'est roublard que lorsqu'il s'agit de réaliser des bénéfices. Il a hérité cet instinct du père François Blanc. Gagner de l'argent, telle est sa devise, par n'importe quel moyen.

Au fond, ce n'est pas tant pour augmenter sa fortune, déjà scandaleuse, que M. Edmond Blanc a juré d'être le plus riche sportman de France, que pour essayer de donner un cours à la fausse monnaie de son honorabilité depuis longtemps démonétisée.

M. le maire de La Celle-Saint-Cloud vise le Jockey-Club, tout simplement, tout bonnement, et comme, jusqu'à ce jour, on lui en ferme obstinément les portes au nez, il prétend forcer la main des électeurs récalcitrants, supprimer les boules noires et sauter à pieds joints dans ce cercle : un crachat dans un lac.

Eh bien, non, M. le maire de La Celle-Saint-Cloud, en dépit de ses millions, ne sera jamais membre du Jockey.

Il faut qu'il en fasse son deuil. Dans les salons les rustres ne sont pas admis. On les laisse à l'antichambre avec les manteaux, les larbins et les parapluies.

Au Jockey on n'admet pas tout venant. Pour en franchir le seuil il faut montrer patte blanche, et malgré le nom du célèbre tireur de chevaux, la patte d'Edmond Blanc n'est rien moins qu'immaculée.

Le Jockey compte parmi ses membres les plus grands noms de France, les plus hautes honorabilités de notre pays. Se dire membre du Jockey équivaut à montrer un brevet d'honneur, de loyauté, de probité.

Si l'honorabilité était bannie du monde, on la retrouverait au Jockey.

Et M. Edmond Blanc, ce même Edmond Blanc que je viens de vous disséquer, a une prétention telle !

Comme, dans la vie, on s'écarte des varioleux et des cholériques, le Jockey tiendra le sire éloigné de lui.

La brebis française la plus galeuse serait dangereuse dans ce bercail.

Vous connaissez maintenant, lecteur, la haute moralité de M. Edmond Blanc.

Propriétaire pour la plus grosse part de la maison de jeux de Monte-Carlo, il s'enrichit de la ruine des joueurs.

Propriétaire d'une écurie de courses fort bien montée, il a déjà montré qu'il s'entendait à faire tirer ses chevaux pour fausser les résultats des épreuves.

Il a acheté sa croix : c'est prouvé.

Il a acheté à deniers comptant cette croix que le peuple considère comme l'étoile des *braves* et le signe de l'*honneur*.

La bravoure n'est pas son fait ; nul ne l'ignore.

Quant à son honneur.......!

Ah ! oui, ayez foi en sa parole, en sa parole d'*honneur*.

Il vous jurera tout ce que vous voudrez.

Les jurons comme les jurements sont du ressort du couple Blanc.

Edmond jure sur la tête de son papa ; Alice sur

le nom de Dieu ou celui de son chien. Au fond, c'est tout un.

Le vent en emporte autant.

Je sais quelqu'un qui, sous la foi du serment et du secret, a confié à M. le maire de La Celle-Saint-Cloud des papiers confidentiels et personnels. Ces papiers ont été, au mépris de sa parole d'honneur, divulgués par M. Edmond Blanc, conservés ensuite.

Le voleur c'est lui, le volé c'est moi. Ainsi comprend-il ce que le dernier des filous entend par : parole *d'honneur*. Faut-il lui en vouloir? Il est inconscient. L'habitude de puiser dans toutes les bourses, de tout prendre, l'empêche apparemment de rien restituer. On l'étonnerait peut-être en lui disant que publier des papiers confidentiels constitue une infamie et que les garder constitue un vol.

Cet homme, ce croupier à la très élastique probité, est maire de La Celle-Saint-Cloud.

Ce joueur indélicat, ce maire étrange rêve de la députation.

Et puis de quelle nationalité est-il ?

Français ou Monégasque?

Il n'en sait rien lui-même.

Son principal établissement quel est-il ?

Le Casino de Monte-Carlo ou le Haras de La Celle-Saint-Cloud ?

Ici et là, il tripote également, je le sais fort

bien, mais c'est de Monte-Carlo que proviennent ses plus gros bénéfices.

Hermaphrodite franco-monégasque, Edmond Blanc reste à cheval sur la frontière. Français en France, Monégasque à Monaco, râflant partout des fortunes.

J'en appelle à ceux qui me font l'honneur de me lire.

Cet homme n'est-il pas une honte pour la France, s'il est Français ?

Est-il digne d'être magistrat municipal, cet homme dont la vie est toute de scandale, aussi bien sa vie publique que sa vie privée ?

Est-il digne de présider aux mariages de ses concitoyens, ce maire qui n'est lui-même marié que depuis le 9 janvier 1890?

Si sa maîtresse, Alice Marot, eut été fille, il ne serait guère répréhensible, ce maire.

Mais Alice Marot était la femme Thomas, mariée et mère de famille, mère du sous-off. Louis-Charles, dit Victor Thomas.

M. le maire de La Celle-Saint-Cloud a donc commis le crime — punissable par la loi — de vivre en concubinage avec une femme mariée. C'est de l'adultère pur et simple.

Quels discours doit faire ce maire, après la célébration du mariage d'un citoyen à La Celle-Saint-Cloud ?

Cette chute de harangue ne serait-elle pas belle :

« Faites des économies, mes enfants, privez-
« vous toute votre vie, pour élever votre fils.
« Quand il aura vingt ans, vous me l'enverrez à
« Monte-Carlo pour achever son éducation.

« Faites des enfants pour la défense du pays.

« Je me charge de les ruiner, vous avec eux, et
« de les tuer ensuite. Comparées à moi, les balles
« prussiennes sont de la Saint-Jean ! »

Cet homme n'est-il pas une honte pour notre
pays ?

Cet homme n'est-il pas indigne d'être magistrat municipal ?

Que M. le ministre de l'Intérieur le révoque !

Qu'il le révoque, ne fut-ce que pour l'empêcher d'éblouir les électeurs de son titre de *maire*,
lors des prochaines élections législatives.

Oui, vous avez bien lu. Le maire de La Celle-
Saint-Cloud rêve de la députation. Il voudrait
pouvoir reprendre avec une variante cette devise
des Rohan.

> Roi ne puis
> Duc ne daigne
> Député suis.

Voyez-vous le principal propriétaire de Monte-
Carlo rapporteur du budget et faisant des effets
de torse à la tribune du Parlement? Le voyez-
vous ministre des Finances ?

Mais la connaissance complète des hauts faits

du maire de La Celle empêchera les électeurs de Seine-et-Oise de voter pour lui. Car c'est en Seine-et-Oise, dans l'une des circonscriptions qui envoya au Parlement un député révisionniste, que M. Edmond Blanc compte se présenter.

Il se dit qu'avec de l'or tout est possible.

Il oublie seulement que tout le monde n'est pas à vendre et que Versailles n'est pas Monaco.

M. le maire en sera pour ses frais, c'est le cas de le dire, et les électeurs le renverront auprès de sa douce amie, qui fut Caroline Thomas, mais ne sera jamais, malgré ses millions, la moitié d'un *honorable*.

P. 141-142.

CONSTANTIN RADZIWILL

Quelques années après l'année terrible vivait à Louvain (Belgique), dans un hôtel d'ordre inférieur dirigé par une certaine dame Bourré — avec qui il la dansait sans doute — un noble étranger — les étrangers sont tous nobles — fort besoigneux, très endetté, et qui se souciait peu de payer ses dettes.

Ce noble étranger n'était autre que Constantin-Vincent-Marie, prince Radziwill, duc d'Olika, Nieswiez, Dubinki et Birze.

Le noble prince vint à Paris en quête de prêteurs moins durs que les usuriers belges et aussi pour fuir l'écho de certains bruits qui *malsonnaient* à ses chastes ouïes.

Au gré du Polonais couronné on ne se cachait pas assez, en effet, pour insinuer qu'il possédait assez peu la langue française pour ne pas confondre quelquefois les genres et que, s'il était compté parmi les intimes de certaines horizontales de haut lignage, c'était moins comme passionnel que comme commissionnaire.

Donc Constantin prince Radziwill vint à Paris.

Il y connaissait un intime de Mme Blanc, celui-là même que la vieille dame avait rêvé d'épouser : le prince Benjamin de Rohan, ainsi qu'une certaine dame L*** amie personnelle de Mme Blanc. Mme L*** connaissait la marotte de la mère Blanc.

Elle résolut, dans son intérêt d'abord, pour complaire à son amie ensuite, de marier la fille aînée de François Blanc, Louise, au prince Constantin Radziwill.

Le duc Decazes, alors ministre des affaires étrangères, s'entremit de son côté.

Les nombreux ecclésiastiques qui fréquentaient Mme Blanc firent le reste. De cette union de forces sortit le mariage projeté, désiré par tous.

La mère Blanc était ravie. Enfin, elle allait donc être belle-mère de prince !

Le prince ne le fut pas moins, car, à cette époque, il était tellement obéré, ses créanciers se montraient si impatients, qu'il avait pris le parti de n'avoir pas de domicile officiel. Sans doute, il habitait bien quelque part un appartement confortable, une garçonnière — c'est le mot strictement exact — où en compagnie de camarades pourris il faisait la grande fête, sans jamais qu'aucune femme fut conviée à ces orgies pareilles à celles qui amenèrent la ruine de Sodôme.

Mais on comprend sans peine que le fiancé de Louise Blanc ait hésité à déclarer que *l'hôtel du prince de Galles* portant les numéros 24 et 26, au coin des rues de la Ville-l'Évêque et d'Anjou, était le théâtre de ses turpitudes.

Il déclara donc ne pas avoir de domicile. La preuve en est dans son acte de mariage, où on peut lire qu'il habite 194, rue de Rivoli, c'est-à-dire chez Mme François Blanc.

La mère Blanc — digne femme — n'ignorait rien de la vie privée de son futur gendre.

Mais que voulez-vous? Elle était d'instinct belle-mère de prince. Il lui fallait un prince, si taré qu'il soit. Les Blanc et le Radziwill étaient évidemment faits pour s'entendre, puisqu'une union matrimoniale ne les dégoûta pas.

Il est des gens qui ont le cœur solide. Le descendant d'Hosticus mort en 1442 se vit donc agréé et le mariage fut arrêté.

Si nous n'avions que cela comme alliance franco-russe, ce serait à se faire naturaliser monégasque, en vérité. Le 29 mars 1876, Constantin-Vincent-Marie, prince de Radziwill et autres lieux, né à Poloneczka (Russie), le 19 juillet 1850, épousait en la mairie du 1er arrondissement Marie-Louise-Antoinette-Sophie Blanc, née le 21 novembre 1854, fille aînée de la Roulette.

Les témoins de cette union assortie furent :

Louis-Charles-Élie Amanieu, duc Decazes et de Glucksberg, ministre des affaires étrangères, député, commandeur de la Légion d'honneur; Dominique prince Radziwill, frère germain de Constantin; Jules Lacroix, auteur dramatique, officier de la Légion d'honneur et Antoine-Nicolas Bertora, propriétaire (!), chevalier de la Légion d'honneur (!!)

Le contrat de mariage des époux a été reçu le 18 mars 1876 (jour anniversaire de la Commune) chez Mᵉ Bazin, notaire.

Il est à remarquer, une fois encore, que le n° 194 de la rue de Rivoli donne asile — c'est une auberge! — à la mariée, au mari, aux parents et au bel Antoine Bertora, l'un des témoins.

Voici nos gens, mari et femme, et la mère Blanc fous de joie.

Constantin Radziwill — quel honneur pour la France! — voulut se faire naturaliser français.

Aux âmes naïves et aux chauvins je ferai simplement observer que le prince illustre ne changea de nationalité que parce qu'il connaissait les sentiments de sa famille et de ses alliés.

En Russie, le mari de Mⁱˡᵉ Blanc, Russe, eut été mis en quarantaine. On connaît Monte-Carlo, là-bas. En France, les inconvénients étaient moindres.

Mais quand il s'agit de perdre sa qualité de Russe, Constantin s'aperçut qu'il perdrait du

LOUISE BLANC
PRINCESSE CONSTANTIN RADZIWILL

P. 147-148

même coup ses qualités princières et ducales.

Grand émoi. La mère Blanc s'arracha quelques faux cheveux et calma sa colère en distribuant quelques gifles à Bertora.

C'est historique.

Ceci se passait en 1878.

Or, entre temps, le prince Radziwill avait été invité aux soirées du président de la République, le maréchal de Mac-Mahon.

Par un oubli, aussi incompréhensible que regrettable, on avait omis d'adresser des cartes d'invitation à Mme Blanc et surtout à son fils chéri, Edmond, qui, à ce moment, n'était pas encore époux d'Alice Marot, décoré et maire de La Celle-Saint-Cloud.

Une amie de la mère Blanc la mit en rapport avec la vieille comtesse de C...

La comtesse de C... était en pleine déconfiture. On allait saisir chez elle.

Tout le monde se souvient encore du scandale que fit cette saisie, à l'époque.

La comtesse avait besoin d'argent.

Mme Blanc, avec une délicatesse touchante, se permit de lui en offrir pour les nombreuses œuvres de piété *imaginaires* qu'elle dirigeait.

Edmond Blanc fut invité aux soirées de l'Élysée.

Les relations avec la comtesse de C... étaient établies.

Elles furent utiles au prince Constantin Radziwill.

Menacée de voir son gendre perdre son titre et sa couronne, Mme Blanc se révolta.

Songez-donc?

Parvenir à découvrir un prince assez courageux pour devenir son gendre, assez vil pour se laisser acheter et, au port, voir sombrer la barque qui portait ce César sans fortune.

A tout prix, il fallait éviter cette catastrophe.

On courut chez le duc Decazes ; on galopa chez la comtesse de C...

Le nerf de la guerre : l'or, vint à la rescousse.

Il fut, par les ordres de la vieille ambitieuse, largement et habilement distribué.

La comtesse de C... usa de son influence, le duc Decazes profita de sa situation de ministre ; un certain colonel R... poussa même à la roue, et le concours de ces bonnes volontés eut pour effet de faire marcher l'affaire comme sur des pièces de 20 francs.

Constantin Radziwill resta prince et conserva le seul et suprême héritage du grand-papa Hosticus, mort en 1442.

Mme Blanc n'a pas dit combien ce succès lui coûta.

Elle avait triomphé, c'était pour elle le principal.

Constantin, prince Radziwill, avait trouvé dans

la corbeille de noces de sa femme pour un million de bijoux, don de Mme Blanc.

Des créanciers bruyants l'ennuyant, le prince conçut un plan de coquin.

Il chargea son valet de chambre, un sieur Émile, de prendre ces bijoux et d'aller les vendre à Londres.

Émile, tout fier de cette mission de confiance, n'eut rien de plus pressé que de s'en ouvrir à Sophie, femme de chambre de confiance de la mère Blanc.

Sophie raconta la chose à sa maîtresse et le père François Blanc brisa tout net les projets de son honorable gendre.

Constantin jeta à la porte Émile que Mme Blanc s'empressa de prendre à son service.

Mais le prince qui a cependant deux enfants : Louise, née le 9 janvier 1877 et Léon, né le 6 septembre 1880, ne pouvait se consoler de son veuvage masculin.

Il prit à son service un nouveau valet de chambre à tout faire, Auguste D..., qu'il appelait Eugène.

C'était un joli garçon qui sut se prêter aux fantaisies du prince et se plier à ses habitudes.

Sa tenue était des plus correcte, voire même des plus élégante. Il était couvert de bijoux offerts par son maître reconnaissant.

On connut vite les petites faiblesses de Constantin, qu'on croyait corrigé par le mariage, et l'amour nouveau du prince fit, dans sa famille et à Paris, un scandale énorme.

Sa femme le mit nettement en demeure de congédier son petit ami, et Auguste D... fut contraint de déguerpir.

Pour éviter des ennuis toujours possibles, Constantin Radziwill laissa à son fidèle Eugène un souvenir de 25,000 francs.

Avec ce petit capital, Auguste-Eugène D..., acheta à Vernon, sa ville natale, un modeste fonds de commerce.

Il s'y ruina d'ailleurs.

Depuis, il a quitté la France pour l'Angleterre et, actuellement, il s'efforce de se refaire à Londres, le pays des mœurs, une clientèle nombreuse, solvable surtout.

Depuis cette aventure, le prince est devenu plus circonspect et, au moins, il ménage les apparences.

Il se dit, sans doute, qu'il est bon de vivre en paix du dividende que rapportent les actions de Monte-Carlo qu'il possède du chef de sa femme.

Mais comme il est de bonne race et que ses convictions religieuses sont superfines, il a tenu pour calmer ses angoisses et atténuer les glapissements de sa conscience à demander au Pape à la fois un conseil et une absolution pour tout ce qu'il a fait, tout ce qu'il fera et tout ce que font en son nom les directeurs de Monte-Carlo.

Le Saint-Père, plein d'indulgence et fort mal renseigné, je veux le croire, sur l'indignité de son pénitent occasionnel, l'a calmé d'un paternel sourire.

Bien mieux, il a accordé à la princesse Radziwill, la fille du père François Blanc, la décoration en or *pro ecclesia et pontifice* pour la récompenser de ses nombreuses charités faites avec l'argent volé par son glorieux père et son loyal époux.

Je termine l'histoire de ce sire peu intéressant.

La plupart de ses dettes, il ne les a pas payées. Ainsi, Mme Bourrée, l'hôtelière qui l'hébergea autrefois à Louvain, n'a jamais, malgré vingt réclamations pressantes, été remboursée de ses avances.

Résumons le prince en une phrase :

Sens moral nul, mœurs inavouables, dignité inconnue, scepticisme absolu, morgue risible, protecteur intéressé des femmes.

C'est le rastaquouère dans sa fleur — la fleur du mal.

Le comte Linska de Castillan, exécuté place de la Roquette, sous le nom de Prado, et Pranzini, qui subit avant lui l'étreinte de la *veuve*, étaient rastaquouères comme Constantin, prince Radziwill.

Ils avaient cependant cette supériorité morale sur lui qu'ils perdirent à Monte-Carlo l'argent qu'ils avaient volé.

Cet argent volé le prince Radziwill en a pris sa bonne part et il l'a gardée.

ROLAND RUFLIN

PRINCE ROLAND BONAPARTE

ROLAND RUFLIN

Prince Roland Bonaparte

Un point remarquable dans l'histoire de la famille Blanc, c'est que les fils héritent des habitudes paternelles, tandis que les filles paraissent avoir les mêmes marottes que la mère Blanc.

Ainsi, le père François Blanc épouse sa maîtresse.

Camille Blanc, Edmond Blanc, Charles Blanc épousent leurs maîtresses.

C'est de l'hérédité à haute dose.

Mme François Blanc, devenue riche, ne pouvait se consoler d'être roturière.

Elle se frottait voluptueusement à tout ce qui était blasonné et titré.

Nous avons vu qu'elle fut sur le point d'épouser en secondes noces le prince Benjamin de Rohan.

Nous avons vu aussi que Bertora avait acheté à deniers comptants la couronne de comte, dans l'espoir que ce titre éblouirait sa vieille maîtresse et qu'il pourrait par ce moyen l'épouser.

Si Mme François Blanc ne put pas, à son grand regret, réaliser ce rêve, au moins voulut-elle faire de ses filles des princesses. Elle avait assez vécu pour savoir qu'il est, de par le monde, des princes de grands chemins, à la bourse plate, assez tarés eux-mêmes pour ne point hésiter à vendre pour un bon prix leur nom et leur couronne.

La vieille dame eut la joie de rencontrer les deux oiseaux rares.

C'était le prince Roland Bonaparte, fils du prince Pierre, cousin de Napoléon III et le prince Constantin Radziwill, descendant d'une vieille maison princière polonaise, dont la filiation commence par Hosticus, mort en 1442.

Le prince Roland Bonaparte dit n'avoir pas encore d'histoire. Modeste et travailleur, il se contente de se poser en savant.

Ainsi, tout dernièrement, il a annoncé *urbi et orbi* qu'il allait vivre en sauvage, avec ses chers instruments pour étudier la marche des glaciers des Alpes.

Évidemment, Roland Bonaparte n'a pas encore marqué son nom dans le livre d'or de son pays. Il ne fut ni à Roncevaux ni même à Austerlitz et son épée fidèle n'est pas parente de Durandal.

Il a cependant une histoire. Et son évolution

j'allais dire sa fin — car c'est un homme depuis longtemps fini — était mathématiquement inévitable.

Roland Bonaparte, issus de parents tels que les siens, ne pouvait pas, à moins d'avoir quelque chose d'honnête au cœur, être autre qu'il n'est.

Ah ! monsieur Roland Bonaparte n'a pas d'histoire ? Que grave est donc son erreur ou que courte est sa mémoire !

De ce qu'on ne lui a jamais dit ce qu'il est, d'où il vient et ce qu'il fit, il ne s'en suit pas cependant que nul ne le sache.

Je vais tâcher de compléter son éducation princière.

Il me faudra remonter loin dans le passé, rappeler de pénibles et sanglants souvenirs, fouiller un peu profondément la vie de sa mère, publier des lettres de son père et citer les noms de certaines personnes dont le prince Roland désirerait sans doute ne pas se souvenir.

Mais l'intérêt public prime l'intérêt personnel.

Quand on veut être distingué de la foule, il faut se résoudre aux honneurs du pavois.

Voici ce qu'on pourra plus tard graver sur le socle du buste qui immortalisera les traits du prince Roland Bonaparte.

Chacun a son histoire. Voici la sienne :

Le 22 mars 1853, Pierre-Napoléon Bonaparte épousait Justine-Eléonore Ruflin, née à Rome, le 1er juillet 1832.

Voici du moins ce que l'on lit dans le *Gotha* :

Or, l'almanach de Gotha fait erreur.

D'abord, Justine Ruflin n'est pas née à Rome, mais à Paris, ancien VIIIe arrondissement, le 2 juillet 1832.

Son père s'appelait Jules-Louis Ruflin. Il exerçait la profession d'ouvrier plombier et était né au Mans.

Sa mère était née à Nancy. Elle s'appelait Marguerite-Justine Lucard.

Le couple occupait une loge de concierge, rue de Chaillot, vers l'année 1850.

Justine Ruflin avait une sœur Elisa.

En 1853, à la suite de circonstances inutiles à rappeler, Justine et Elisa Ruflin, les deux sœurs, devinrent en même temps et simultanément les maîtresses du prince. Chacun sait que le prince Pierre était friand de fruits verts.

Peu après ce double exploit d'Hercule, la mère Ruflin entra au service du prince Pierre comme cuisinière. La chronique scandaleuse rapporte même qu'elle partagea avec ses filles les faveurs de son patron.

Elle mourut du choléra en 1854.

A partir du moment où ses filles et même sa femme partagèrent la couche du prince, le papa

Ruflin ne travailla plus. Son pseudo-gendre et coadjuteur lui servait une pension de 5 francs par jour. Et il vécut heureux, se rendant mal compte de sa complicité dans l'infamie de sa famille, jusqu'en janvier 1869.

A cette époque, il mourut en son domicile, 185, avenue de Versailles, et son acte de décès mentionne comme profession — dérision amère — rentier.

Les idées matrimoniales de Pierre Bonaparte le portèrent vers Justine, et il l'épousa, non, comme dit le *Gotha*, le 22 mars 1853, mais le 30 décembre 1871, à la légation de France, à Bruxelles.

Les témoins de ce mariage mi-princier, et encore, puisque la mère du prince Pierre était née Bleschamps, furent le docteur Henri Collignon, Charles de Hoffmann, Bouvier et Téophile Finet.

Pierre Napoléon, né à Rome le 11 octobre 1815, avait dix-sept ans de plus que sa femme.

Le *Gotha* porte qu'avec Justine-Eléonore Ruflin, le prince Pierre eut deux enfants.

Roland-Napoléon, né le 19 mai 1858, ancien lieutenant d'infanterie.

Jeanne Bonaparte, née le 25 septembre 1861, mariée le 22 mars 1882 à Christian, marquis de Villeneuve-Esclapon, député de la Corse.

Il est certain que des cinq enfants que donna à Justine Ruflin le prince, deux seulement survivent.

Mais le prince a bien eu cinq enfants.

Les trois premiers ne vécurent pas.

A ce propos, une explication est nécessaire.

Le prince et sa compagne n'étaient pas mariés. Il ne pouvait donc leur plaire de mettre au jour des héritiers.

Comme par hasard, les trois premiers malheureux mioches qui vinrent au monde moururent aussitôt.

Le médecin de l'état civil, un peu surpris de ces *accidents*, ne se cacha pas, lors de la naissance de Roland, pour dire au prince : « Voici le quatrième; il est solide; j'espère qu'il vivra celui-là, n'est-ce pas? »

Justine Ruflin comprit l'observation. Elle sentit qu'il était temps de fermer sa manufacture d'anges et Roland Bonaparte vécut.

J'ai dit tout à l'heure que le prince Pierre fut l'amant à la fois d'Elisa et de Justine Ruflin.

La preuve en est qu'Elisa Ruflin fut, en 1856, elle aussi, rendue mère par le prince, un gaillard, comme on voit.

Mais, comme le prince n'avait pas l'amour-propre d'Hercule, que d'autre part il subissait des scènes de jalousie de Justine Ruflin, il prit le parti d'attribuer la paternité de ce nouvel et encombrant bâtard à son cocher Thomas. Le malheureux mioche fut immédiatement porté à l'hôpital des enfants trouvés.

Cependant, il fallait assurer à la mère un sort, surtout se débarrasser d'elle.

Un sieur Boudin, originaire d'Auxerre, employé d'octroi à la barrière de Billancourt, se montra disposé à épouser Elisa Ruflin.

Son mariage fut contracté en 1869.

Il se disait, le brave gabelou, que lorsqu'on est quasiment beau-frère de prince, l'avenir et la fortune sont assurés. Quant au mioche, on ne lui en avait naturellement pas parlé. Il avait compté, le pauvre, sans les évènements et sans la guerre.

En attendant, ses camarades de l'octroi, étonnés de ne pas voir Boudin au moins ministre, ne se gênaient pas pour lui dire : « Mon vieux, tu n'as que les restes de Pierre. » Sa dignité n'y résista pas et il démissionna peu après. Boudin eut d'Elisa, tante de Roland Bonaparte, trois enfants ; mais la brouille se mit dans le ménage et aujourd'hui mari et femme sont divorcés.

Tous deux vivent encore et habitent Paris.

En 1870, Roland Bonaparte avait douze ans ; sa sœur en avait neuf.

A cette époque, dont les Français se souviendront toujours et qui est l'épilogue de l'odyssée bonapartiste, le prince Pierre habitait avec Justine Ruflin et ses enfants sa petite propriété de Rochefort, sur la frontière belge.

Le prince se trouvait mieux là qu'en France, depuis l'assassinat de Victor Noir.

Il y vivait assez chichement d'une pension que lui servait, sur sa cassette particulière, son impérial cousin Napoléon III. (Cent vingt mille francs par an.)

Survint l'année terrible et la chute de l'Empire.

L'empereur déchu supprima au prince Pierre la pension qu'il lui servait.

En vain celui-ci réclama, quémanda. Napoléon III fut inflexible. Il tenait son cousin pour responsable de sa déchéance.

Il n'est pas sans intérêt de connaître le jugement que portait le prince Pierre sur son cousin découronné, en suite de cette décision quelque peu brutale.

Voici la lette qu'il écrivait de sa propriété de Rochefort, à la date du 20 octobre 1870, à l'un de ses amis :

       Mon cher ami,

J'apprends avec peine votre situation et j'espère qu'elle ne durera pas.

La mienne aussi est mauvaise et loin de pouvoir secourir les amis, j'aurais moi-même besoin de secours.

La pension qui était l'unique et insuffisant avantage que m'avait fait le cher cousin est finie, et je reste avec les dettes contractées dans l'abominable piège des *rossacci* (1) et avec d'autres aussi.

(1) Rouges, plus que rouges.

PRINCE PIERRE BONAPARTE

L'empereur prétend qu'il n'a rien, mais c'est là un mensonge. Je sais très bien qu'il a plus que le nécessaire pour ne pas laisser sans moyen d'existence ceux qui portent un nom auquel il doit tout, et qu'il eut le mauvais vouloir de ne point assurer contre l'indigence, au temps de son hyperbolique richesse et de sa puissance.

Je ne vous en dis pas davantage, et j'espère que vous serez persuadé que, si je ne vous aide pas, c'est que je ne le puis absolument pas.

Le roi d'Italie, qui pourtant doit quelque chose au nom de Bonaparte, paraît ne rien vouloir faire lui aussi, pas même m'employer, *à cause du nom.*

C'est toujours comme ça ! Je vous dirai cependant entre nous, que je ne suis pas tout à fait sans espoir du côté de Tours.

On ne peut nier qu'une partie du gouvernement actuel est modérée et traitable, et peut-être... qui sait ? Je crois pouvoir rendre encore quelques services, sur tout si la partie saine du gouvernement se débarrasse, des fous et des exagérés. Croyez-bien, mon cher ami, que si je réussis, je penserai à vous. Et même, pour-vous prouver combien je regrette de ne pouvoir vous obliger, je vous offre d'écrire pour vous à Crémieux.

L'avantage pour moi serait qu'on procédât aux élections et que les Corses me nommassent député.

Tout le monde sait que la République sage et modérée comme mon père l'entendait ne m'a jamais déplu.

Si en 1852 je ne l'ai pas défendue, ce n'a été ni par lâcheté ni par intérêt, mais parce que la majorité était royaliste et aussi par affection pour mon ingrat parent.

Mais assez ! patience... la vie est courte. Si toutes les portes me sont fermées après l'ignominie de Sedan, je dirai avec le poète :

> Je languirai sur la terre étrangère,
> Cette main qu'endurcit une poignée guerrière
> Je l'offrirai, ce sera mon honneur,
> Au moins noble labeur.

Qui sait ? Les Corses auront peut-être l'idée d'élire un Bonaparte. Ils pourront choisir un homme possédant plus d'habileté et plus d'autorité, mais plus résolu et plus fidèle, non !

Au revoir, mon cher ami, et courage.

Je vous serre la main.

P.-N. BONAPARTE.

Ainsi, dès le 20 octobre 1870, moins de deux mois après la proclamation de la République, le prince Pierre et Napoléon III étaient brouillés.

Pierre Bonaporte se rapprochait de la République pour des raisons d'argent. Il allait là où le coffre-fort lui semblait le mieux garni.

C'est de tradition dans la famille Bonaparte.

L'or les attire comme l'aimant attire le fer.

Mais si le prince Pierre semblait se cuirasser d'un triple airain contre les coups du sort et n'avait pas perdu toute espérance, il en était de même de Justine Ruffin, sa compagne.

Elle rêva de faire sa fortune en jouant du nom de Bonaparte. Simple coup de chantage à l'adresse de l'ex-impératrice Eugénie.

Son plan de conduite fut vite élaboré.

Pierre Bonaparte céda aux sollicitations de la Ruflin, vendit deux maisons qu'il possédait à

P. 169 170.

Bruxelles, cent mille francs chacune et partit pour Londres avec sa femme et ses enfants le 1ᵉʳ février 1872. Ils habitaient Hyde-Park, numéro 10.

Dès son arrivée, Pierre Bonaparte voulut rendre visite à Napoléon III à Chiselhurst.

Dans le parc, il fut rencontré par l'impératrice qui lui intima l'ordre de quitter immédiatement l'Angleterre en le menaçant, s'il n'obéissait pas, de le faire expulser. Pierre obéit et partit sans avoir vu l'ex-empereur.

Justine Ruflin ne suivit pas son mari et, en janvier 1873, elle acheta à M. Thurner un fonds de commerce non loin de Regent street, 91, New-Bond street.

La boutique portait à son fronton pour enseigne : *Princesse Pierre Bonaparte, marchande de confections pour dames.*

En dépit de cette suggestive annonce, les affaires de Justine Ruflin ne prospérèrent pas.

Est-il bien étonnant, d'ailleurs, que la clientèle ne se soit pas montrée empressée.

Au lieu de s'occuper de son commerce, Justine Ruflin, étendue tout le jour sur un canapé, se tirait les cartes et lisait dans l'avenir.

A Roland, elle disait d'un air inspiré de Sybille : « O ! mon fils, j'arriverai bien haut et toi, tu seras Empereur. » Et, en l'entendant si affirmative, sa fille Jeanne disait à la nourrice de Roland, Mᵐᵉ Garde : « Quand Roland sera sur le trône, je te donnerai une chambre toute tapissée de soie rouge. »

Convenez que le moyen n'est pas le meilleur pour attirer le client, le retenir et faire fortune.

Justine Ruflin, nature ardente, avait fait connaissance d'un certain Saunier, se faisant appeler de Terry, marchand de vins à Charing-Cros et dont le domicile particulier était à Clapam-Clapam.

Le *de* Terry, dont les affaires n'étaient pas plus prospères que celles de sa maîtresse, imagina, avec son concours, de monter une Société financière qui leur permettrait de pêcher en eau trouble.

C'est ainsi que peu après fut fondée, sous le titre de *Comptoir d'Escompte de France*, une Société de crédit au capital de **un million** divisé en actions de cent francs. La présidente était Justine Ruflin; l'administrateur Saunier de Terry. On y voyait aussi le comte de la Ch... et la baronne de Lav... La Société dura ce que durent les roses. Les associés mangèrent l'argent des actionnaires et le tour fut joué.

Mais cette première indélicatesse ne conjura pas l'inévitable désastre. Pour le retarder elle souscrivit vainement de *fausses* traites, notamment aux noms de Mme Ch... modiste, rue Jocquelet (600 francs); de Mme G... modiste, rue Vivienne (500 francs); de Mlle G... modiste, faubourg Saint-Honoré (250 francs); de M. S..., marchand de plumes, rue de Hanovre (200 francs), etc., etc.

Justine Ruflin avait faussement signé ces traites : *Garde*, nom de la nourrice de Roland, et : *Thurner*, nom de son prédécesseur.

Le danger devenait éminent pour elle; les plaintes affluaient à la police. Elle vendit alors sa maison de commerce à Mme Scougnans, de nationalité belge, en février 1874, et songea à rentrer en France.

Elle put réaliser son projet à la fin d'avril; son fils Roland l'avait précédé, aussitôt que la maison avait été vendue, c'est-à-dire dès fin février 1874.

Mais quitter Londres n'était pas, pour elle, chose aisée. La police avait l'œil sur elle; à toutes les gares, à tous les embarcadères des bateaux, des détectives se tenaient en permanence avec ordre de l'arrêter.

De février à avril 1874 elle avait pu rester cachée chez son amant Saunier de Terry, mais la police savait qu'elle n'avait pas quitté Londres. Saunier de Terry put la faire fuir en pleine nuit, dissimulée dans une charrette conduite par Saunier fils. Il la conduisit hors de la ville et elle put quitter l'Angleterre sans difficulté.

Le 1er mai, elle demandait l'hospitalité à Mme Acker, qui demeurait 1, cité de l'Alma, avenue Bosquet, avec son mari, ancien juge de paix dans le Cher, qui démissionna en 1850 pour continuer à rendre à Paris les services qu'il avait

9

autrefois rendus dans le Cher à la cause bonapartiste. Il touchait à cette époque pour rémunération de ses peines passées, présentes et futures, une pension de 1.800 francs par an.

Elle resta chez sa protectrice avec sa fille Jeanne que Mme Acker avait été chercher à Londres, du 1er mai 1874 au 8 novembre 1875.

Mme Acker eut le tort d'avoir pitié des enfants et de prendre en mains les intérêts de Justine Ruflin.

Elle partit en novembre 1875 pour Londres, afin de tenter d'arranger les affaires de la Ruflin et d'arrêter les poursuites, car on parlait de l'extrader.

Son séjour à Londres dura dix-neuf mois. Elle y dépensa une douzaine de mille francs et parvint ainsi à éclaircir les comptes de la lingère.

Quand Mme Acker partit pour Londres en novembre 1875, Justine Ruflin déménagea et loua une petite chambre meublée de 40 francs par mois 87, rue du Bac, en face de l'institution Hortus où était entré son fils. Nous en reparlerons. Elle y demeura jusqu'au 1er février 1877. C'est à cette époque qu'un sieur David, marchand de toiles, 15, rue de Navarin, fit en faveur de Justine Ruflin une souscription pour lui acheter un mobilier.

Elle vivait d'aumônes. Des âmes charitables payèrent la pension de Roland à l'institution Hortus, rue du Bac, et l'habillèrent.

Mais c'était la misère. Tout ce qui appartenait à la famille Ruflin était au Mont-de-Piété, même le linge.

C'est également à cette époque qu'elle envoya au maréchal de Mac-Mahon toutes ses reconnaissances du Mont-de-Piété en sollicitant un secours. Le maréchal, par l'entremise de son aide de camp, le colonel Robert, lui retourna ses reconnaissances et lui fit remettre une somme de 2.400 francs.

En février 1877, M. Guidicelli, ancien sous-officier — manchot — lui loua et lui meubla un logement 9, rue de Varennes. Le loyer était de 500 francs par an. M. Guidicelli était associé de Mme Blandan, qui dirigeait l'Hôtel International 50, boulevard du Temple, et le neveu de M. Paoli, politicien bonapartiste militant.

Une épidémie dans la maison qu'elle occupait en chassa Justine Ruflin qui se réfugia à l'hôtel du boulevard du Temple. Elle y resta trois mois et s'y conduisit de telle sorte que M. Guidicelli la jeta à la porte avec sa fille. Elle loua alors un logement 15, rue de Lille.

Roland Bonaparte avait été casé à l'institution Hortus, rue du Bac, grâce à M. Labruyère, ex-sous-chef de bureau au ministère d'Etat.

La pension était de 1.200 francs par an.

Les premiers mois, la pension fut payée par M. Labruyère et le prince Pierre.

Roland Bonaparte avait pour camarade, chez Hortus, le jeune Fromenteau, fils d'une boulangère de la rue Saint-Lazare, 18.

La brave dame eut pitié de la détresse dans laquelle elle voyait la Ruflin et ses enfants.

Elle donna à Justine Ruflin du linge pour elle et sa fille, et lui envoya deux fois par semaine un panier de provisions.

Les jours de sortie, le prince Roland prenait ses repas chez la boulangère, amené dans cette hospitalière maison par le fils de sa bienfaitrice.

Le dimanche soir, lorsqu'en compagnie de son camarade Roland Bonaparte rentrait à la pension, il faisait volontiers un crochet pour passer 44, rue Cambon.

Dans cette maison il se rencontrait avec la dame de ses rêves, celle dont il était non le valet de cœur, mais le valet de *trèfle*.

La bonne fille avait soin en effet de ne pas le quitter sans lui donner son *petit cadeau*.

Chaque visite à la belle rapportait un *napoléon* à Roland Bonaparte.

Quelques mots sur cette liaison du prince. Elle jette un nouveau jour sur son joli caractère.

Justine Ruflin avait été jadis actrice dans certains théâtres des faubourgs, entre autres au *Théâtre Véridique*, qui faisait les délices des habitants de la Chaussée-du-Maine.

En ce temps-là, sa profession la rapprocha

d'une actrice qui devait, plus tard, illustrer la maison de Molière : Mme L...

Les années passèrent. A son retour à Paris, Justine Ruflin renoua des relations avec son ancienne camarade qui l'aida plusieurs fois de sa bourse.

Justine Ruflin fut une belle-mère dangereuse, mais une mère sublime.

Elle comprit que son fils bien-aimé Roland ne pouvait pas, toute sa vie, vivre en jeune fille. Elle lui fit faire la connaissance de Mme L...

Mme L..., qui est encore belle, a été merveilleusement jolie.

Elle eut, comme on dit, un béguin pour le beau Roland, qu'elle déniaisa.

Et Justine Ruflin ne se trompait pas en disant à son fils, au moment où elle ménagea sa liaison : « Tu pourras toujours en tirer quelque chose. »

Plus tard, quand Roland fut riche, il offrit à Mme L... une propriété de campagne, proche de la sienne, à Saint-Cloud, rue du Calvaire.

On s'étonnera peut-être que le prince Roland ait accepté de l'argent d'une femme.

On s'étonnera moins quand on connaîtra cette anecdote — tenue secrète jusqu'à ce jour — de la vie du prince Roland.

Le jeune homme avait à Londres, au temps où sa mère se tirait les cartes, sous prétexte de commerce, un certain Mignoney, originaire de Boulogne, pour professeur de français.

Roland Bonaparte, ayant un jour besoin de 75 francs, contrefit la signature de son professeur et se fit donner par sa mère, pour le compte de celui-ci, ladite somme de 75 francs à valoir.

Justine Ruflin paya. Mais quelque temps plus tard elle réclama au professeur de son fils la somme qu'elle croyait avoir payé en trop.

Bien entendu, M. Mignoney refusa tout remboursement. Mme Acker, sur l'instigation de Justine Ruflin, menaça le professeur de la justice.

Le pot aux roses fut découvert; Roland Bonaparte avoua qu'il avait commis un faux.

Un jeune homme capable de commettre un faux en imitant la signature d'un professeur n'est-il pas capable, je vous le demande, de se faire payer par une jolie femme les visites amoureuses qu'il lui fait.

Ceci explique cela.

Le prince Roland, faute de paiement des mois de pension, fut menacé d'être congédié de l'institution Hortus.

Le prince Jérôme Napoléon et la princesse Mathilde s'émurent de cette misère. Chacun d'eux fit remettre à Justine Ruflin un billet de mille francs.

Le bien-être revint pour quelque temps dans la mansarde. La fortune n'était pas éloignée.....

Cependant, le prince Pierre était toujours en Belgique, s'inquiétant fort peu de ses enfants et de leur mère.

Il semblait s'intéresser beaucoup plus à la politique et surtout à ce que les journaux pouvaient penser de sa princière personne.

Pourtant, à la fin de 1874, il eut une lueur d'amour paternel et demanda à voir sa fille Jeanne, sa préférée. Justine Ruflin conduisit elle-même sa fille à son père qui habitait alors Bruxelles, avenue Louise : en février 1875, la mère et la fille venaient surprendre chez lui le prince Pierre, à dix heures du soir.

Il était au lit, entre ses deux maîtresses, qui lui servaient en même temps de bonnes. Ces trois dames, après un échange d'injures, furent sur le point d'en venir aux mains.

Le prince, en qui l'assassin veillait tonjours, sauta à bas de son lit, saisit un couteau de chasse et, sans Jeanne qui se précipita au cou de son père, eut poignardé la Ruflin. Celle-ci n'eut que le temps de se sauver et de se réfugier chez le docteur Collignon, qui avait été un des témoins du mariage et dont la demeure était proche.

Le lendemain, la Ruflin prit le train à la hâte et rentra à Paris chez Mme Acker, 1, cité de l'Alma.

Ici se place une autre anecdote qui vaut d'être connue comme la précédente :

De l'une de ses bonnes, ses maîtresses, le prince Pierre eut un enfant, un fils, aujourd'hui âgé de seize ans.

Quand, en 1877, après le 16 mai, le prince vint habiter Versailles, hôtel de France, 5, rue Colbert, il était accompagné de ce fils et de la mère de cet enfant. Il vécut avec eux jusqu'à sa mort qui survint le 8 avril 1881.

Quelques jours avant, Mme Blanc, qui, entre temps, était devenue la belle-mère de Roland, avait, sur les pressantes sollicitations d'un ami du prince Pierre, remis à celui-ci 10.000 francs.

Par testament trouvé dans le bureau du prince, celui-ci laissa à son dernier fils de la main gauche, à celui qui a seize ans aujourd'hui, ce qui restait de ladite somme, soit 8.000 francs.

Nous avons dit que le prince semblait s'intéresser fort peu à la Ruflin et à ses enfants et nous croyons l'avoir prouvé. Au surplus, les lettres qu'il écrivait à l'un de ses amis sont là pour l'attester encore si besoin en était. En tout cas, elles servent à bien faire connaître le caractère du triste personnage qui créa à son image Roland Bonaparte.

D'autre part, elles ont une saveur d'actualité, puisque l'an dernier fut inauguré le monument funéraire de Victor Noir, que le prince assassinat.

A un autre point de vue, les lettres que je livre

au public présentent un intérêt historique considérable.

Enfin, elles mettent à nu leur auteur et servent
à expliquer, par des raisons d'hérédité, Roland
Bonaparte, fils d'assassin et de faussaire.

Puisqu'il s'agit d'une biographie princière, je
ne crois pas inutile de faire cette digression.

Elle est le début de l'histoire du prince Roland
Bonaparte, à qui je souhaite un couronnement
de carrière qui permette à nos arrière-petits-fils
d'oublier ce qu'il fut.

Voici en quelques lignes les causes — Pierre
Bonaparte disait les raisons — de l'assassinat de
Victor Noir.

Au mois de janvier 1870, M. Louis Tommassi, avocat à Bastia, publiait dans la *Revanche* un article
hostile au prince Napoléon ; celui-ci écrivit à un journal de Bastia une lettre où il traitait M. Tommassi
et ses collaborateurs de mendiants, traîtres, escargots
et de sacrilèges auxquels les vrais Corses auraient, si
on ne les avaient retenus, mis les tripes aux champs.

M. Paschal Grousset commenta cette lettre dans la
Marseillaise, dirigée par Rochefort, en des termes qui
déplurent au prince Pierre Bonaparte, cousin-germain
de Napoléon III. De là, provocation du cousin qui,
en même temps, écrivait à Rochefort que, « las d'être
insulté quotidiennement par ses manœuvres, il l'attendait ».

Rochefort constitua deux témoins, Millière et Arthur
Arnould.

En même temps, Paschal Grousset, correspondant

parisien de la *Revanche*, envoyait au prince Pierre deux de ses amis, Victor Noir et Ulric de Fonvielle.

Le 10 janvier, Victor Noir et Ulric de Fonvielle se rendaient en voiture, accompagnés de M. Paschal Grousset et de M. Sauton, rédacteur au *Réveil*, rue d'Auteuil, en face du marché, devant la maison qui portait le n° 51.

Victor Noir remit sa carte au valet de pied. Le valet de pied introduisit les deux visiteurs dans un salon qui se trouvait au premier étage et alla prévenir le prince.

Au bout de cinq minutes, le prince entra. Il était pâle et paraissait en colère.

M. de Fonvielle prit la parole :

— Nous venons de la part de M. Grousset, M. Victor Noir et moi.

Il lui remit en même temps une lettre de M. Paschal Grousset.

— Vous ne venez donc pas, dit le prince, de la part de Rochefort ?

— Non, monsieur, répondit M. de Fonvielle. C'est une affaire tout à fait à part.

Le prince, qui s'était mis à lire, près d'une fenêtre la lettre de M. Grousset, reprit d'une voix forte :

— Je ne me battrai pas avec les manœuvres de Rochefort. Je me battrai avec Rochefort lui-même. Je ne veux pas répondre à sa crapule.

Pierre Bonaparte devint de plus en plus insolent.

— Êtes-vous solidaires de ces charognes ? demanda-t-il.

— Nous sommes solidaires de nos amis, répondit Victor Noir.

Ce sont les dernières paroles prononcées par le pauvre garçon.

A ce moment, le prince, au paroxysme de la colère,

bondit sur lui, le prend par l'épaule, le fait pivoter
sur lui-même et, fouillant rapidement dans un des
tiroir de son bureau, saisit un revolver à cinq coups
qu'il braque presque à bout portant sur la poitrine de
Noir, et tire. Noir, atteint en pleine poitrine, s'af-
faisse. Il se relève, perdant son sang, voit une porte
ouverte, s'élance dans la rue.

La scène a été tellement rapide que Fonvielle n'a
pu porter secours à son ami. Le prince le met en joue
à son tour. Une balle part et traverse le paletot de
Fonvielle, qui n'a que le temps de gagner la porte en
esquivant une seconde balle. Arrivé dans la rue, il
trouve Victor Noir gisant sur le trottoir, la poitrine en
sang, mort.

Victor Noir avait vingt-deux ans ; il devait épouser
dans deux ou trois jours une jeune fille qu'il adorait.

Le corps fut transporté à Neuilly dans la maison
qu'il habitait avec ses parents.

Lorsque Paris connut cet assassinat, ce fut une
explosion de colère. Il fallut donner satisfaction à
l'opinion. Un ordre d'arrestation fut lancé contre le
prince, qui se constitua prisonnier le soir même à la
Conciergerie ; on annonça que la haute cour siégerait
à Tours pour le juger.

Les ouvriers firent des manifestations ; des inci-
dents eurent lieu au Corps législatif ; une demande de
poursuites fut déposée contre Rochefort pour un article qui le fit condamer à six mois de prison.

Les funérailles de Victor Noir ont lieu le 12 janvier,
par un temps froid. Le gouvernement avait pris des
mesures extraordinaires. A une heure et demie, trois
cent mille Parisiens sont dans les rues de Neuilly.
Rochefort est là ; on l'acclame. La foule veut marcher
sur Paris. Ce serait l'écrasement : la garnison tout
entière et les brigades de police sont là, mobilisées.

Rochefort montre la situation telle qu'elle est; Delescluze appuie ses sages avis. Et le cortège se met en marche, calme, recueilli. Ce n'est plus au Père-Lachaise qu'on va, mais au cimetière de Neuilly. A cinq heures, la cérémonie imposante est terminée. Les groupes se dispersent.

On sait ce qui suivit. Devant la haute cour, le prince Pierre affirme, malgré la protestation de Fonvielle, que Victor Noir a levé la main sur lui. On l'acquitte. Quelques mois après, l'empire s'écroulait.

Voici le récit vrai de l'aventure, tel que l'inexorable histoire l'affirme, n'en déplaise à M. Emile Ollivier.

En vain, après le prince Pierre, il excusera le meurtre, en arguant de la légitime défense, en parlant d'un prétendu soufflet que l'assassin n'a pas reçu.

Voici, d'ailleurs, la version de l'ancien ministre de l'empire, parue dans le *Figaro* — j'allais dire exhumée — le 17 juillet 1891.

C'est une pierre dans le jardin d'Ollivier. Elle est lourde.

Le prince disait :

— J'étais vers deux heures dans ma chambre à coucher. Une servante est venue m'annoncer que deux messieurs m'attendaient. Comme la veille j'avais provoqué Rochefort, j'ai cru qu'on se présentait en son nom. Je suis venu au salon; j'y ai trouvé deux inconnus dont l'air était menaçant. L'un d'eux m'a donné une feuille de papier dépliée, en me disant :

— Nous sommes chargés de vous demander la réponse à cette lettre.

J'ai répondu :

— Je ne connais pas celui qui m'écrit; mais je me battrai volontiers, non pas avec lui, mais avec M. Rochefort et non pas avec un de ses manœuvres.

Le grand m'a dit :

— Mais lisez-donc la lettre.

Je répondis :

— Elle est toute lue. En êtes-vous solidaires?

Alors il m'a frappé au visage. Sur-le-champ, j'ai fait deux pas en arrière, tiré de ma poche un pistolet et fait feu sur lui. Le deuxième qui m'ajustait avec un revólver, s'était caché derrière un fauteuil; j'ai aussi tiré sur lui et l'ai débusqué. Il a passé dans la salle de billard; mais il se retourna pour m'ajuster; alors je lui ai tiré un second coup de pistolet qui l'a mis en fuite.

Mais ce qui, jusqu'à ce jour, n'a jamais été dit, ce qui prouve de façon indéniable que le prince Pierre Bonaparte a menti, je vais le dire, moi.

Ah! son fils Roland regrette de n'avoir pas d'histoire.........

Le prince Pierre avait pour médecin, depuis longtemps, le docteur M..., qui lui était tout dévoué.

Dès que Victor Noir et Ulric de Fonvielle eurent quitté l'hôtel du prince, celui-ci envoya immédiatement quérir son fidèle médecin.

Le docteur M... se transporta précipitamment chez le prince qui lui conta l'aventure.

Il fallait trouver une excuse à son forfait, une justification.

Le prince affirmerait avoir reçu de Victor Noir un maître soufflet. Il fallait prouver le mensonge.

Le docteur M... eut une inspiration géniale. Sur la joue droite du prince, il appliqua, après l'avoir découpé comme il convenait, un vésicatoire qu'il laissa mordre quelques minutes.

La trace du souflet était apparente. La cause du prince s'annonçait bonne; son acquittement semblait certain.

Voici l'histoire.

Ulric de Fonvielle lui-même ne la connaissait pas.

Un homme capable de recourir à ce moyen déloyal pour excuser un crime, est-il capable de mentir devant un tribunal?

Oui, n'est-ce pas?

Eh bien, ce n'est pas tout.

Le 17 février 1873, Pierre Bonaparte, père de Roland, sollicitait d'un de ses amis le service de falsifier un certificat pour se réhabiliter.

Voici trois lettres tout à fait édifiantes du prince Pierre.

Elles prouvent :

1° Son remords d'avoir assassiné un pauvre diable de journaliste ;

2° Son cynisme absolu, puisque, quatre ans

après le crime, il n'hésite pas à recourir au faux
pour excuser son meurtre.

Rochefort, 7 févier 1873.

Mon cher monsieur,

Pour une publication qui s'apprête, j'aurais besoin
de la pièce signée par les habitués de certaine table
d'hôte de la rue de l'École-de-Médecine, pièce que je
devais à votre obligeance mais que je ne puis retrouver, bien que je sois en possession de beaucoup d'autres documents analogues et aussi importants (*sic*).

Peut-être en avez-vous une copie; ou bien encore
pourriez-vous la remplacer par quelque attestation
semblable.

Vous me rendriez un service signalé en me mettant
à même de la reproduire sous l'une ou l'autre forme.

Je suis votre bien affectionné,

P.-N. BONAPARTE.

Le destinataire de la lettre ne veut pas croire
que le prince lui propose de faire un faux.

Force est donc à Pierre Bonaparte de mettre
les points sur les *i* et, à la date du 17 février de
la même année, il écrit cette nouvelle lettre :

Rochefort, 17 février 1873.

Mon cher monsieur,

Je vous remercie de votre lettre et des documents
qu'elle contient.

Je regrette beaucoup que la pièce signée des proxé-
nètes, camarades de Salmon, soit égarée ; mais je suis
bien aise de savoir au moins tous leurs noms. Peut-

être la retrouverai-je dans mes innombrables pape-
rasses, cette pièce. En tout cas, vous qui avez bonne
mémoire et qui rédigez si bien, vous pourriez, qui
sait ? la reconstituer fidèlement, ce qui n'a pas d'incon-
vénient, la signature étant multiple. Vous me rendriez
service, car les oreilles échauffées de l'éloge déloyal
de ce misérable, je compte faire paraître les documents qui le concernent.

Demange disait avec raison : « On doit la vérité
aux morts dans l'intérêt des vivants » (*sic*).

Ce sera l'exergue de la publication.

Je n'ai pas été exempt non plus de menaces, mais
j'ai eu l'occasion de faire dire à ces messieurs que s'ils
me tombent sous la patte, je leur fais sauter le caisson
avec une balle Perdrivent, et qu'après les avoir scalpés
avec mon Bowie-Knife', j'envoie leur tignasse à
Grand-Bêta.

Ça vaut les *tripes aux champs*, n'en déplaise aux
niais ; mais je ne suis pas d'humeur à me laisser inti-
mider par la canaille.

Bien des compliments affectueux.

P.-N. BONAPARTE.

La troisième lettre n'est pas moins instruc-
tive :

Rochefort, 12 mars 1873.

Mon cher monsieur,

M. Karr, le vieux détracteur de ma famille, publie
dans le *Figaro*, à propos de bottes, comme toujours,
des insinuations fallacieuses sur le proxénète Salmon,
dit Victor Noir.

Il prétend que ce journaliste, qui ne savait pas
écrire, comme l'a dit son ami Floquet, était *aimé* et

qu'il a laissé des regrets à ceux qui l'ont réellement connu.

Aimé de quoi? comme de qui?

Je ne sais, mais nous pouvons fournir la preuve qu'il était un souteneur de filles publiques et que, lorsqu'il mourut, il allait épouser, pour de l'argent, la maîtresse *grosse* d'un vieux libertin qui payait la dot. Salmon n'ignorait rien en acceptant. Ces faits et beaucoup d'autres, par exemple les soufflets qu'il se chargeait de donner pour le compte de M. School, étaient à la connaissance de M. Le Roux qui ne voulut pas les présenter au haut-jury, sous prétexte qu'il s'agissait d'un mort.

En vain M. Demange objecta spirituellement qu'on doit la vérité aux morts dans l'intérêt des vivants.

Quand M. Karr ajoute : « quelle que soit la vérité sur les deux versions, etc... » il devrait dire au moins le cas que, *dans son impartialité,* il fait du verdict de la plus haute juridiction du pays.

Si le rôle des témoins devait consister à souffleter leur adversaire, il est évident qu'ils courraient à une mort subite, à moins d'avoir affaire à un lâche.

Que dire aussi de cette prétention que le premier venu, même taré, pourrait provoquer n'importe qui, le duc d'Aumale, par exemple, ou Rothschild? Cette outrecuidance seule mériterait une leçon sévère.

Que Rochefort, défié, eut relevé le gant on l'eut compris. Qu'il se fît remplacer par un..... Grousset, ça fait rire les poules !

M. Karr *se trompe,* quand il affirme que Salmon avait vingt ans. Il en avait vingt-deux sonnés, ce qui n'est pas la même chose; on peut s'en rapporter à Laurier et à Floquet et à la *Gazette des Tribunaux* si peu favorable à ma cause. Du reste, ce Salmon passait pour un des plus forts biceps de Paris; et si vous obteniez de M. Amigues qu'il rectifie ce qui, dans l'article de M. Karr, a trait à l'âge de Salmon, vous m'obligeriez.

Je vous envoie une nouvelle boutade dont je me suis rendu coupable et je vous prie d'agréer l'assurance de mes sentiments très affectueux et distingués.

P.-N. BONAPARTE.

Tel est l'homme.

La pitié, le remords, la droiture, toutes les qualités en un mot de l'homme de cœur, il les ignore.

C'est le vulgaire assassin.......

Toute cette polémique, l'échange de ces lettres instructives, étaient la conséquence de la mort de Napoléon III.

Le prince s'occupait du jugement de la postérité, fort peu soucieux de la misère de ses enfants et de Justine Ruflin.

J'ai omis de dire que la mère de Roland Bonaparte, pendant que son mari faisait de la polémique, accordait ses faveurs à M. P... directeur d'un journal. Mais comme ce protecteur avait plus de bonne volonté que de fortune, elle tenta d'entrer aux magasins du Louvre comme vendeuse.

On la connaissait ; M. Chauchard ne l'accepta pas.

Le hasard, qui est un grand indiscret, rapprocha Justine Ruflin de Mme la comtesse de B..., qui habitait boulevard Malesherbes et dont le mari avait facilité la fuite en Espagne de Napoléon III.

Elle se fit présenter à Mme Blanc par M. Nicolas, ex-régisseur du château de Meudon, ami personnel de la vieille dame.

C'est Bertora qui servit de trait d'union. Bertora est l'entremetteur né de la famille.

Donc, par l'entremise de Bertora, M. Nicolas présenta à Mme Blanc la comtesse de B...

Celle-ci, à son tour fit recevoir Justine Ruflin et ses enfants chez Mme Blanc.

C'est à ce moment que la comtesse de K..., qui avait en tête des projets plus pratiques, entra en scène.

Elle songea de longue date à unir le prince Roland à Marie Blanc. Le sort la favorisa.

Jeanne Bonaparte et Marie Blanc se plurent. Quinze jours plus tard elles étaient inséparables. Elles prenaient même des leçons de sculpture ensemble.

Mme Blanc adora spontanément la jeune amie de sa fille, et par suite sa mère et son frère.

Roland Bonaparte était parvenu entre temps à forcer la porte de Saint-Cyr, grâce aux pressantes sollicitations de M. Duruy et surtout à certain professeur qui sut à coups de louis se procurer, avant l'examen, les questions qui lui seraient posées.

Il y passa deux ans et en sortit sous-lieutenant au 36ᵉ de ligne à Falaise.

Son bel uniforme impressionna la mère Blanc ; son titre de prince lui causa un spasme ; son nom de Bonaparte — un vrai Bonaparte ou plutôt une vraie moitié de Bonaparte — l'affola.

Elle rêva de voir sa fille Marie princesse.

Trois mois plus tard, Roland Bonaparte était son gendre.

Le jour du mariage la comtesse de K... toucha de Mᵐᵉ Ruflin une commission de 100.000 francs pour ses bon offices. Roland et sa mère lui avaient promis une récompense toute royale, si elle parvenait à amener Mᵐᵉ Blanc à marier sa fille au prince officier.

Il s'était laissé faire, le bon jeune homme, par désintéressement et par amour filial. Il avait vendu son nom, vendu son titre par amour — futur — de la science.

Il pressentait déjà que le temps était proche où, rendu à ses chères études, il serait heureux, dans l'intérêt de la science, et ne fût-ce que pour imiter le prince de Monaco, de posséder des millions, le meilleur *vade-mecum* du voyageur.

Il consentit donc, ce prince du sang, à recevoir dans son impériale couche, la fille du croupier François Blanc.

Le mariage fut célébré à Paris à la mairie du

MARIE BLANC

PRINCESSE ROLAND BONAPARTE

P. 192-193.

Iᵉʳ arrondissement, le 6 novembre 1880, à trois heures de relevée.

Les témoins furent : Jean-Victor Duruy, ancien ministre ; Edouard-Hyacinthe Lucas ; Edmond Blanc, propriétaire, frère de l'épouse ; Antoine-Nicolas Bertora, propriétaire.

Ici se place un incident significatif que tout le monde ignore.

Mᵐᵉ Blanc à cette époque demeurait 194, rue de Rivoli. Elle occupait tout le premier étage de l'immeuble de la place Rivoli à la rue Saint-Roch.

Mᵐᵉ Blanc se tenait dans le grand salon et recevait ses invités. A sa droite, digne autant qu'il peut l'être, se dressait le Roland, le prince !

Justine Ruflin, mère du marié, nippée à neuf par les soins de la mère Blanc, représentant dans sa toilette de brocart, le scintillement de ses bijoux et son manteau de cour un soleil... à son déclin, vint se planter devant son fils et lui dit à haute voix :

« Roland, regarde ta mère avec son diadème et « son manteau impérial. Aujourd'hui, Roland, « tu as des millions, si tu le veux, tu seras empe-« reur ! »

Et elle regagna sa place. Hélas ! la digne Justine Ruflin s'est cruellement trompée. Son rejeton a bien des millions mais il n'est, quoi qu'il fasse, qu'un homme parfaitement taré. Il ne sera jamais empereur et ne finira même pas comme...

> Piron qui ne fut rien,
> Pas même académicien.

Tout le monde se souvient encore que le prince Roland Bonaparte enleva sa femme le jour même de son mariage, s'enfuit à Saint-Cloud, alors que le château d'Ermenonville était prêt à le recevoir, et demeura plusieurs jours introuvable, tandis que Mme Blanc, affolée, demandait sa fille à tous les échos.

Mme Blanc offrit à sa seconde fille, comme à la première, pour un million de bijoux.

Roland Bonaparte, plus pratique que son beau-frère Constantin Radziwill, préféra un million en espèces et Mme Blanc dut s'exécuter.

Preuve nouvelle et indiscutable que le bon jeune homme est de goûts simples et préfère aux bijoux et aux colifichets féminins la rente 3 pour 100, les obligations de chemin de fer et surtout les actions du tripot de Monte-Carlo.

Le 2 juillet 1882, la princesse Bonaparte donnait le jour à une fille qu'on appelait comme elle, Marie.

L'accouchement avait eu lieu dans d'excellentes conditions. Comme on dit en pareille occurrence, la mère et l'enfant se portaient bien.

Le 1er août 1882, Edmond Blanc, le même qui est maire de La Celle-Saint-Cloud, le continua-

teur de Thomas et de tant d'autres auprès d'Alice
Marot, vint dîner chez son beau-frère à Saint-
Cloud, dans sa propriété de la rue du Calvaire.
Sa sœur Marie Bonaparte célébrait ses relevailles
en donnant un dîner où fut convié la famille.

Elle avait joué du piano une partie de la journée ; elle était en parfaite santé et toute heureuse
de reprendre sa vie quotidienne. Après le dîner,
qui se passa gaiement, Roland accompagna son
beau-frère à la gare ; son absence ne dura pas un
quart d'heure.

Quand il rentra, sa femme était morte.

Oui, morte subitement, sans cause.

L'opinion publique accusa très nettement Roland Bonaparte d'un coup de carbonari. Le parquet voulut intervenir, mais de hautes influences
entravèrent la marche de la justice.

Je ne prétends pas que le prince ait empoisonné
sa femme, ni même qu'il ait su qu'on l'empoison-
nât, encore que cette dernière hypothèse soit
vraisemblable.

Quel était son intérêt, en effet ?

D'avoir un enfant, il l'avait : *la fille de Roland*,
parbleu.

Ainsi il conservait la fortune de sa femme et
prétendait à l'héritage de Mme Blanc, sa belle-
mère.

Quand la petite Marie atteindra sa majorité,
Roland Bonaparte, après lui avoir restitué sa for-

tune, se trouvera riche d'une vingtaine de millions sagement économisés.

Mais si Roland Bonaparte ne peut être accusé ; si le parquet n'a pas continué son enquête ; si l'affaire a été classée, comme on dit en termes de police, s'ensuit-il que la malheureuse jeune femme soit morte de mort naturelle ?

Demandez à la mère du prince Roland, à Justine Ruflin.

Demandez-lui comment elle s'y est prise pour faire étouffer l'affaire, quelle somme elle a versé dans ce but et à qui ?

Dame ! ceci est de l'histoire et de l'histoire du prince Roland.

Elle n'est pas sans analogie, vous en conviendrez, avec celle des Borgia.

Justine Ruflin n'avait-elle pas, dès le jour du mariage, indiqué ses projets d'avenir ?

« Tu seras empereur, avait-elle dit à son fils, « puisque maintenant tu es riche. »

Il était riche.

Sa femme gênait.

Elle la supprimait.

Pourquoi ?

Parce que Roland, veuf et riche, pouvait prétendre à l'empire en épousant, par exemple, la princesse Lœtitia, fille du prince Jérôme-Napoléon, veuve maintenant du duc d'Aoste.

Et quelque démenti — faux d'ailleurs — qu'on

puisse m'opposer, j'affirme que tel fut le projet de Justine Ruflin en 1886-1887.

Sans Mme Acker, dont j'ai précédemment parlé, qui ouvrit les yeux du prince Jérôme, et un très haut personnage italien, qui demanda à certaine personne habitant Paris des renseignements à ce sujet, le mariage était conclu. On achetait le prince Victor et Louis Napoléon et le tour était joué. Roland était prétendant.

Mais Justine Ruflin n'a-t-elle pas essayé naguère encore de reprendre les pourparlers et d'unir à son fils veuf, la veuve du duc d'Aoste ? C'est un cauchemar.

Je sais bien qu'on va me répondre : « Ce n'est pas vrai. »

Nier, nier de parti pris; c'est la seule défense de ces gens-là.

Je vais même plus loin.

J'affirme que Justine Ruflin a songé à faire élire son fils prince de Monaco.

On achèterait Honoré Ier pour une grosse somme; il abdiquerait et Roland serait souverain.

Enfin, régnerait un Bonaparte !

Je crois qu'un complément de commentaires est inutile pour éclaircir ce point de l'histoire de Roland Bonaparte jusqu'à ce jour demeuré obscur, et que ce prince sans principauté, mais non sans peur et sans reproches, ce Roland sans terre, vice-roi de la Roulette, feint d'ignorer.

Un dernier mot. Depuis le mariage de Roland Bonaparte jusqu'au jour de l'accouchement de sa femme, les relations furent rompues avec la famille Blanc.

Pendant deux ans *on* ne dîna pas en famille. A peine échangea-t-on quelques visites.

Or, précisément, le jour des relevailles de la jeune femme, on convia Edmond Blanc, son frère, à dîner avec elle.

Simple coïncidence, dira-t-on, que ce dîner suivi de cette mort subite.

Que non pas !

On a invité Edmond Blanc pour *justifier l'accident*, pour pouvoir dire : « Vous voyez bien que la mort de la princesse est accidentelle. Car s'il s'agissait d'un coup de Borgia on n'eut pas choisi le jour où son frère était présent, ou on les eut supprimés tous les deux. »

J'ajouterai que l'autopsie de la princesse Bonaparte fut faite *avant* que le parquet s'émut. L'autopsie pratiquée, allez donc chercher des preuves ?

Le principal aujourd'hui, pour la maman et le fiston, c'est, en attendant mieux, d'être riches.

Mais, comme tous les parvenus, ils ont la haine du pauvre, le mépris de qui vit avec peu d'argent. En vain, le malheureureux peut frapper à la porte du somptueux hôtel que la mère et le fils habitent, 22, cours la Reine.

En vain, André Guidicelli — qui habite aujourd'hui l'île Rousse (Corse) — essaya, quand il sut Justine Ruflin riche, de se faire rembourser des sommes qu'il lui avança, au temps où elle fut sa pensionnaire à l'Hôtel International du boulevard du Temple :

La Ruflin refusa tout payement.

Quant à Roland, digne fils d'une telle mère, un ancien camarade d'école peut venir lui demander un service d'argent, si mince qu'il soit.

Il est éconduit, jeté à la porte plutôt, comme le dernier des mendiants.

Roland Bonaparte — qui n'a pas d'histoire — ne se souvient donc plus qu'il fut jadis à la mendicité.

Un fait, entre mille.

C'était un dimanche matin, en 1878, rue Corneille, 5, à l'Hôtel Corneille.

Roland Bonaparte y déjeunait avec deux camarades de promotion : MM. de V... et Adam de V...

Après le déjeuner, ceux-ci lui proposèrent une promenade. Roland Bonaparte refusa en ces termes dont je garantis l'exactitude : « Je n'ai pas un louis devant moi. »

Il a dû, le même jour, passer rue Cambon. Mme L... le lui aura donné sans doute.

Aujourd'hui, Mme Fromenteau, la boulangère qui leur donna autrefois à manger par pitié, est dans la misère à son tour, ainsi que Mme Acker. Si elles comptent sur la reconnaissance de ces gens-là, les pauvres femmes, elles ne les connaissent guère.

Justine Ruflin est néfaste à qui l'approche.

La preuve qu'elle a le mauvais œil, c'est qu'aujourd'hui elle est borgne.

Roland Bonaparte, depuis qu'il est millionnaire,a bouché les trous de son panier jadis percé.

Il a choisi pour tenir ses comptes un ancien commis aux vivres de Saint-Cyr, le sous-officier Bonneau (Jean) — de la charcuterie sur pied. — Bonneau, au temps de la pauvreté de Roland, fournit au prince quelques subsides.

Celui-ci en fut reconnaissant — par exception — et l'improvisa, pour défendre ses intérêts, président du conseil de surveillance du Casino de Monte-Carlo.

Pour lui, modeste ainsi qu'il sied aux grands esprits, il s'est sacré savant avec des allures d'un Stanley philanthrope. L'exploration des pays inconnus n'a plus de secrets pour lui, et l'anthropologie comparée peut être étudiée par lui mieux que par tout autre. N'a-t-il pas sous la main les squelettes et les crânes des innombrables suicidés qui ont contribué à sa fortune ?

Mais l'anthropologie comparée ne suffit pas à sa vaste intelligence. M. Ruflin sait tant de choses qu'il ne sait plus laquelle étudier.

Il en fut réduit cette année à observer la marche des glaciers des Alpes !

Dame, on est savant ou on ne l'est pas.

Lui, dit qu'il l'est !

Et, pour le prouver, autant que pour épater le groupe d'admirateurs naïfs et béats qui lui sert de cour, notamment au cercle Saint-Simon, il emploie quelques bribes de ses phénoménaux revenus à subventienner telle invention, à encourager telle découverte. Il voudrait être le Wallace de la science.

Non qu'il trouve plaisir à dépenser l'argent de Monte-Carlo. Mais, de même que son beau-frère Edmond Blanc guigne une place au Jockey-Club, le prince Ruflin guigne un strapontin à l'Académie des sciences.

Mais, même un strapontin, n'est pas réservé à son auguste pile.

L'Académie des sciences ne se déshonorera pas, en prenant au sérieux les invites de ce pion manqué, entré à Saint-Cyr par surprise et dans la famille Blanc par misère.

Depuis l'alliance bonaparto-boulangiste, le prince Roland Bonaparte a fait répandre adroitement le bruit qu'il n'avait plus, par suite de vente de ses parts, que de très faibles intérêts dans les bénéfices de Monte-Carlo.

C'est adroit, mais ce n'est pas exact.

Aux termes mêmes de son contrat de mariage

et du testament de François Blanc, déposé chez Mᵉ Bazin, notaire à Paris, Roland Bonaparte n'a pas le droit de se défaire de parts qui ne lui appartiennent pas.

Voyez le triste sort de ce prince. Il peut prendre le bien d'autrui, mais il lui est interdit de le rendre.....

Telle est, aussi résumée que possible, l'édifiante histoire du prince Roland, qui se targue de n'en pas avoir.

Fils d'assassin et de faussaire ; fils de drôlesse et d'escroqueuse, il est ce qu'ils furent ; il est ce qu'il est : rameau pourri du bonapartisme, avili par la canaille.

Marquis DE VILLENEUVE

Député de la Corse

Nos portraits, nos instantanés, comme on dit aujourd'hui, sont terminés.

Le marquis de Villeneuve représente l'arrièregarde, ou mieux encore une patrouille d'arrièregarde.

Sa place n'est marquée dans notre musée que par sa parenté toute fraternelle avec Roland Bonaparte, dont il épousa la sœur Jeanne le 22 mars 1882.

Gendre de Justine Ruflin, neveu lui aussi du gabelou Boudin, propriétaire, de par sa femme, d'un certain nombre d'actions du tripot, mon devoir est d'en parler, au moins sommairement.

..... Christian, marquis de Villeneuve-Esclapon, descend — quelle chute ! — d'une honorable et vieille famille provençale.

Voyons son histoire :

M. de Villeneuve fut, à ses débuts, un légiti-
miste intransigeant, au point de s'engager dans
les rangs de l'armée carliste, où il fut, lors du
siège de Bilbao, l'un des officiers attachés à
l'état-major du Bourbon espagnol. Il était encore
royaliste, quand il devint, après le 24 Mai, secrétaire particulier du préfet de l'ordre moral
dans l'Hérault, M. de Vallavieille.

Félibre convaincu et militant, il fonda à Aix,
en 1878, un journal entièrement rédigé en langue
doc : *Lou Prouvençau* ; il est resté cigalier et
ardent félibre parisien. Les nobles Provençaux
du dîner du *Roi René* en on fait leur secrétaire.

C'est le félibrige qui l'a orienté vers la nouvelle
politique.

Il se lia d'amitié littéraire avec Bonaparte-
Wyse, disciple de Mistral et auteur du *Parpaïun
blu* (Papillon bleu). Bonaparte-Wyse fut la cause
indirecte de son mariage avec Jeanne Bonaparte,
sœur du prince Roland.

Ce mariage décida le marquis de Villeneuve à
brûler ses anciens dieux légitimistes.

Il devint, sans transition, bonapartiste *convaincu.*

Plus tard, nous le retrouvons mâtiné de boulangisme. Aujourd'hui, le boulangisme est mort.
Demain, les adeptes de cette religion politique
auront vécu.

Voici la lettre qu'écrivait le marquis de Villeneuve, le 8 octobre 1889, après son élection comme député de Calvi (Corse) :

Calenzana, 8 octobre 1889.

Je suis élu par 400 voix de majorité, malgré la pression la plus violente que j'aie jamais vue. Tous les fonctionnaires ont été appelés chez le sous-préfet et menacés d'être révoqués si leurs parents et amis votaient pour le candidat revisionniste.

Le sous-préfet a écrit une lettre officielle, déclarant qu'il révoquerait immédiatement les gardes champêtres qui ne voteraient pas pour le gouvernement.

Des menaces d'arrestation ont été lancées contre moi. Une instruction est ouverte sur l'inculpation de diffamation envers le gouvernement dans une réunion publique ; la comparution devant le juge a été exigée l'avant-veille de l'élection, de façon à effrayer les électeurs et gêner ma tournée dans l'arrondissement.

La corruption électorale à l'aide de dons et de promesses a été pratiquée sur la plus vaste échelle.

Tous les fonctionnaires originaires de l'arrondissement avaient été envoyés du continent et faisaient des tournées avec le candidat ministériel confirmanles promesses de places et de faveurs faites par ce candidat : promesses d'exemption de service militaire ; menaces contre les électeurs récalcitrants ; enfin tous les fonctionnaires même gradés, obligés par le sous-préfet, sous menace de révocation, de prendre un bulletin à la porte du lieu du scrutin et de voter à bulletin ouvert.

Les douaniers vinrent voter en corps sous la conduite de leurs chefs.

Marquis de VILLENEUVE,
Député.

Faut-il que le député marquis de Villeneuve ait des qualités, puisque, malgré cette pression extraordinaire, les mécontents de l'époque l'ont élu.

En 1890, le marquis de Villeneuve osait écrire à M. le président Carnot la lettre suivante.

Il écrit trop, le marquis de Villeneuve.

La littérature, même française, le perdra.

Monsieur le président,

J'ai refusé de prendre part au banquet et aux réceptions officielles qui ont eu lieu pendant votre séjour à Bastia, et je tiens à vous faire connaître les motifs de mon abstention.

Vous aviez dit, à mon collègue Gavini et à moi, que vous ne vous occupiez point de politique dans vos voyages, et qu'en vous recevant, les départements recevaient, non le chef d'un ministère, mais le premier magistrat du pays, celui auquel l'esprit de la Constitution de 1875 impose le devoir de rester étranger et supérieur aux querelles des partis.

En présence de ces déclarations, et quelque doute que j'éprouvasse sur leur mise en pratique, j'ai voulu montrer que je ne faisais point, au gouvernement, une guerre de parti-pris.

Je me suis mêlé à mes collègues opportunistes ou radicaux pour vous recevoir à Ajaccio, et, dans cette ville aux trois quarts conservatrice, mes amis vous ont fait un accueil respectueux.

Une demi-heure après, la distribution des croix de la Légion d'honneur et des autres distinctions honorifiques donnait un premier démenti à vos paroles. En effet, elles étaient accordées pour la plupart, non à des hommes que recommandaient de longs services reconnus par tous, mais à des agents électoraux dont on payait les complaisances souvent coupables.

Le lendemain, un nouveau fait accusait plus nettement encore la signification de votre voyage. Vous admettiez dans le train officiel le concurrent que j'ai battu aux dernières élections, et qui n'est ni conseiller général ni même conseiller municipal.

J'estime que sa présence dans votre suite constituait une inconvenance vis-à-vis de mes électeurs, dont on affectait de tenir le verdict pour non avenu.

Je sais, monsieur le président, que vous n'êtes pas individuellement responsable de ces faits, et je me plais à reconnaître la courtoisie de vos rapports personnels avec les deux députés conservateurs de la Corse.

Mais, du moment que vous consentez à récompenser vous-même les services rendus au ministère et que vous n'imposiez pas à l'organisateur de votre voyage, M. Brugère, une attitude correcte envers l'élu et les électeurs de l'arrondissement de Calvi, il ne me restait plus qu'à me retirer.

Veuillez agréer, monsieur le président, l'assurance de ma très haute considération.

Marquis DE VILLENEUVE,
Député de la Corse.

Le journal l'*Autorité*, du 2 mai 1890, faisait suivre cette lettre du commentaire suivant :

« Cette lettre est fort bien. Elle n'a qu'un défaut : c'est de montrer que son auteur a positivement manqué de flair. »

Ainsi, même par ses coreligionnaires politiques, M. le marquis de Villeneuve est lâché.

On lui reproche de manquer de flair.

En politique, peut-être.

Dans la vie courante, que non pas.

Ce n'est pas, que je sache, manquer de flair, que d'avoir épousé, à l'instant psychologique, la sœur de Roland Bonaparte : Jeanne. Roland déjà marié, rêvait de mettre à son tour sa sœur dans ses meubles. Mais la jeune Ruflin n'était pas d'un placement facile, sans dot.

On eut recours à la mère Blanc, avec qui cependant les Ruflin-Bonaparte étaient en froid depuis longtemps déjà.

Roland la pria d'assurer à sa sœur une dot de un million. On avait trouvé le futur mari ; la dot seule restait à verser. Pour une misérable question d'argent, laisserait-on Jeanne Ruflin coiffer sainte Catherine.

La mère Blanc ne voulut rien entendre ; elle connaissait les personnages. Jeanne faillit rester fille, le marquis de Villeneuve refusant la femme sans l'argent.

Juste à point, Mme Blanc mourut.

La princesse Roland Bonaparte hérita de sa part de succession, et désormais, sans conseils et sans soutiens, cédant aux sollicitations de son mari, finit, de lassitude, par se dessaisir du million qui constitua la dot de Jeanne Ruflin-Bona-

JEANNE RUFLIN

MARQUISE DE VILLENEUVE

Bonaparte, et décida de son mariage avec Christian, marquis de Villeneuve-Esclapon.

Le mariage fut célébré le 21 mars 1882, à la mairie du VIIe arrondissement de Paris.

Les témoins du mariage furent : François-Richard du Page ; Joseph-Alexandre de la Berrurière, comte de Saint-Laon ; Jean-Victor Duruy, ancien ministre, et Roland, prince Bonaparte, sous-lieutenant d'infanterie.

Roland fut un bon frère, mais il devait bien à sa sœur un petit cadeau. S'il était curieux de savoir pourquoi, il serait aisé de lui répondre en évoquant certains souvenirs de l'appartement que Mme Acker partagea jadis avec la Ruflin. L'infamie, à laquelle il est fait allusion, fut commise le 8 septembre 1874. Le beau Roland s'en souvient-il ?

Avec une femme riche d'un million, un félibre, même marquis, peut facilement faire de la bonne politique légitimo-boulangiste.

C'est ce que tâche de faire le marquis de Villeneuve, mais bonne volonté et succès sont deux.

LA PRINCIPAUTÉ

Les valets de cour

Nous avons vu le Prince Rouge et Noir et sa cour. En quelques mots montrons les valets de la bande. Leur rôle vis-à-vis des étrangers est plein d'intérêt.

Mais, d'abord, deux mots de préface.

Le tripot de Monte-Carlo, le Casino, les salles de jeux, appelez-le comme bon vous semble, n'est, en théorie, qu'une annexe de la *Société des bains de mer de Monte-Carlo.*

Est-il assez joli cet euphémisme ?

Quelqu'un a-t-il jamais pris un bain de mer à Monte-Carlo en plein hiver autre que les malheureux qui s'y précipitent pour en finir avec la vie ?

Mais il fallait trouver un titre qui n'effarouchât pas le touriste et le joueur lui-même. La *Société des bains de mer* vous a une allure proprette et un parfum familial, qui permettent aux personnes les plus collet-montées comme à celles qui se montent le plus le cou de s'aventurer dans ce bouge doré sur tranches.

La *Société des bains de mer* qui était au début la seule propriété de François Blanc, puis de ses enfants, fut, sur l'initiative d'Edmond Blanc, mise en actions. Edmond Blanc, maire de La Celle-Saint-Cloud et chevalier de la Légion d'honneur, n'eut pas comme son père la crânerie d'avouer qu'il était propriétaire d'un tripot.

Une fois le capital divisé en actions, il put dire: je n'ai plus aucun intérêt dans la maison.

Il n'y manqua pas et Camille Blanc avec les princes Roland Bonaparte et Constantin Radzi-will firent chorus.

Les héritiers de François Blanc, fils et gendres, sont toujours les propriétaires du tripot de Monte-Carlo, et les seuls *responsables* des atrocités de tous genres qui s'y commettent.

En vain Roland Bonaparte exhibera la minute de certain jugement du tribunal de Versailles qui l'autorise à vendre pour le compte de sa fille un certain nombre d'actions du tripot.

C'est ce qu'on appelle un *jugement de justifica-tion*, destiné à donner le change aux seuls jobards qui ne demandent qu'à se laisser convaincre.

Non, quand des hommes aussi honorables possèdent une poule aux œufs d'or, ils ne sont pas assez sots, instruits qu'ils sont par l'expérience, pour la tuer, encore moins pour la vendre. Ils recueillent sa *ponte*.

Peut-être est-ce de ce mot que vient le sobriquet qui désigne le joueur?

Roland Bonaparte, Constantin Radziwill, Camille et Edmond Blanc auront beau déclarer qu'ils sont étrangers au tripot monégasque, nul ne les croira, et il s'agira seulement d'un mensonge de plus.

Il est vrai qu'Edmond Blanc a affirmé à la commission d'enquête, qui lui demandait raison de sa croix, qu'il ne possédait aucun intérêt dans les jeux de Monte-Carlo! Vous vous souvenez du crédit qu'on accorda à cette affirmation... Toutefois, il n'est pas absolument inexact que le quatuor Blanc-Radziwill-Bonaparte s'est défait d'un certain nombre d'actions.

Mais cette vente n'a rien de commun avec un désintéressement moral. Il s'agit, c'est à prévoir, d'une opération purement financière.

D'une part, les actions ont monté. Donc il fait bon en vendre. D'autre part, les patrons du tripot, quelque peu inquiets des rapports franco-italiens, ont songé qu'en cas de conflagration, le tripot serait sérieusement menacé. Il paraît évident en effet que le vainqueur — France ou Italie — s'annexerait sans phrases la principauté et que, par suite, la concession accordée au père François Blanc serait retirée.

Il y a donc intérêt, pour ces dignes croupiers, à ne pas conserver plus de parts de suicidés que de raison. Mais, comme il fallait ne pas faire baisser les titres par une vente trop précipitée, on chercha un officier ministériel de facile caractère qui consentirait à présenter à ses clients des titres provenant soi-disant d'une succession.

Le courtier intéressé de la transmission de ces mauvaises valeurs est un sieur V***, notaire à Monaco, Français, hélas !

Le nombre est grand des gogos qui se jettent sur ces titres dont le prix moyen est de 1,800 francs.

Pour le cas de dissolution de la *Société*, dite *des bains de mer* — sans doute parce qu'on y douche les joueurs malheureux — il a été constitué un fonds de réserve destiné à rembourser chaque action au prix de 850 francs.

Cette disposition prouve que la Société n'est pas certaine d'une grande longévité. On craint que la France, écœurée des spectacles qu'elle tolère à sa porte, n'y mette un jour le holà.

On a eu tort jusqu'à présent, puisque notre Gouvernement n'a pas osé nettoyer ces écuries d'Augias.

Donc il reste bien avéré que le prince Albert-Honoré est toujours sous la tutelle des héritiers Blanc, notamment du prince Roland Bonaparte et d'Edmond Blanc, les deux plus gros actionnaires de la Société.

Donc les représentants des héritiers Blanc à Monte-Carlo sont les vrais Souverains de la principauté.

Donc enfin, le gouvernement général, les tribunaux, la police, le clergé, sont aux ordres d'Edmond Blanc et du prince Roland Bonaparte.

Il n'était pas inutile de faire définitivement cette constatation pour l'intelligence de ce qui va suivre.

D'autre part, un journal parisien publiait le 1ᵉʳ septembre 1890, l'information suivante. Elle présente assez d'intérêt pour que je la copie *in extenso* :

La réaction que nous avions prévue sur les actions du cercle de Monaco n'a pas tardé à se produire. De 2,025, les cours ont fléchi à 2,000 et l'on termine lourdement à 1,980, sans espoir de reprise.

Dans notre dernière *Revue*, nous avions signalé le mutisme obstiné, gardé par l'administration de la Société et, par contre, l'unanimité avec laquelle les détenteurs de titres réclamaient les explications auxquelles ils ont un droit incontestable.

« Jusqu'ici, nous n'avons obtenu de la Société qu'une note laconique, dont voici la phrase essentielle : « La concession de la Société (privilège des jeux, etc...) est assurée jusqu'en 1913. »

Or, nous rencontrons dans les statuts un certain article 2, qui s'exprime d'une manière sensiblement différente. En voici le texte :

« La Société a pour objet l'exploitation des droits et « privilèges qui ont été concédés par ordonnance de

« son Altesse Sérénissime, Monseigneur le prince de
« Monaco, en date du 2 avril 1863. *sous les réserves,*
« *conditions et obligations imposées par le cahier*
« *des charges du 19 octobre 1882.* »

Si donc, la Société se décide à répondre nettement
aux questions qui lui sont posées de toutes parts et qui
dénotent de la part des capitalistes une appréhension
extrême, elle n'a qu'à publier son cahier des charges.
Elle agirait ainsi comme toutes les entreprises régies
par des conventions de cette nature, notamment les
Sociétés de chemins de fer.

Par conséquent, si cette publication vraiment nécessaire pour calmer les inquiétudes n'a pas lieu, on
recherchera les raisons de ce mystère.

« Il nous semble que la principale réserve inscrite
au cahier des charges du 19 octobre 1882 porte sur les
désordres et les scandales qui peuvent se produire
dans l'exploitation du Privilège des jeux. Nous irons
même plus loin, et nous affirmons que cette clause
existe par la bonne raison qu'une affaire de cette nature ne saurait se traiter autrement avec le Chef d'un
Etat, pour peu que celui-ci — et nous n'avons aucune
raison de penser le contraire — n'entende pas abdiquer tous ses droits à la considération publique.

La question doit donc se poser de la manière suivante. Le contrat qui accorde le privilège des jeux à
Monaco est essentiellement *conditionnel.* Le privilège
durera autant que la concession, c'est-à-dire jusqu'en
1913, s'il ne survient aucun désordre grave.

Mais chacun sait que les scandales de tous genres,
inhérents d'ailleurs à l'exploitation du jeu, se font de
jour en jour plus fréquents et, quelque soin que l'on
prenne de les dissimuler, plusieurs Etats d'Europe
les ont connus et seraient assez disposés à obliger le
Prince de Monaco à y mettre fin.

Or, en vertu du cahier des charges, le privilège *peut-être supprimé du jour au lendemain.* Voilà la vérité que la Société tient obstinément dans l'ombre et qu'il est bon de mettre de temps à autre en pleine lumière, afin que chacun sache que les actions de Monaco constituent une valeur fort aléatoire. Ajoutons qu'il est nécessaire d'amortir le capital de l'action d'ici l'expiration de 1913, époque où finit la concession. Cette opération diminue d'autant le rendement. Si l'on tient compte, en outre, des risques que présente ce placement, nous ne serons pas taxés de pousser les choses à l'extrême en assignant à ces titres le prix de 1,890 et même de 1,700 francs. Ils ne valent pas davantage, et la cote ne tardera guère à justifier nos prévisions de baisse.

*
* *

Marie-Anatole de Véron, baron de Farincourt, chevalier de la Légion d'honneur, a aujourd'hui soixante-trois ans.

Il a été sous Napoléon III préfet de l'Ardèche et du Doubs. Resté fidèle à la cause bonapartiste, c'est lui qui fut chargé par l'impératrice Eugénie de retenir ses appartements à San-Remo, lors du récent séjour qu'elle fit en cette petite ville.

Le gouverneur général de Farincourt est l'exécuteur des basses œuvres d'Albert-Honoré et de la Société des jeux.

Est-il une complaisance à demander ou à accorder, M. de Farincourt s'y entremet avec empressement sur le seul désir de M. de Thézillat, le directeur du tripot, qui fut sous l'Empire, lui aussi, préfet du Doubs. Il est officier de la Légion d'honneur.

Ces deux anciens compères sont faits pour s'entendre.

Nous montrerons tout à l'heure qu'ils n'y manquent pas.

Les autres valets de marque de la cour du *Prince Rouge et Noir* sont l'évêque Theuret, le comte Bertora et Jean Bonneau.

J'ai déjà présenté au lecteur cés trois Chevaliers de la triste figure. Je n'ouvrirai donc pas un chapitre spécial à l'amant de la tante Florestine, au riz-pain-sel de Saint-Cyr, prêteur à la petite semaine, ni au bel Antoine Bertora qui aima la mère Blanc jusqu'à sa mort.

Je me bornerai à signaler le rôle de chacun d'eux.

L'évêque Theuret se rend, avec son clergé, complice muet de toutes les infamies qui se passent à Monaco.

Bertora surveille les intérêts des Blanc et du prince Radziwill.

Jean Bonneau défend les droits de Roland Bonaparte.

*
* *

C'est l'honorable (?) de Thézillat qui distribue à son gré les cartes d'entrées dans les salles de jeux. Car vous ne voudriez pas qu'une société qui se respecte, laissât tout venant entrer dans ses salons. On n'y reçoit.pas n'importe qui..... en principe.

Ainsi les femmes, ces êtres de perdition, ne pénètrent pas, *en principe,* dans les salles de jeu.

Mais, il n'est si bon principe qui ne se puisse excepter et l'exception fortifie la règle.

Les femmes n'entrent donc pas dans les salles de jeu à moins que... — *à moins que* forme à lui seul un volume.

A moins qu'elles ne jouent; le commerce avant tout !

A moins qu'elles ne soient jolies et qu'elles jouissent, de ce fait, d'immunités spéciales. J'entends par là que le bel Antoine comte Bertora, le Thézillat des salons ou le Jean Bonneau des fumoirs relèvent quelquefois... de la défense d'entrée celles qui ne leur ont point été inhumaines.

Elles entrent, mais à la condition de se rendre utiles, en *allumant* les joueurs, en désignant à l'administration ceux qui essayent de ne pas perdre, en ramenant aux tables ceux qu'une suprême lueur de raison en éloignerait. Les femmes laides qui ne jouent pas sont expulsées, impitoyablement, même de force, au nom de la morale monégasque. *Celles-là ne servent à rien.*

Cependant, si d'aventure elles amènent un

pigeon à plumer pour le compte d'Edmond et Camille Blanc, des princes Constantin Radziwill et Roland Bonaparte ; si les suppôts de ces gens sentent la chair fraîche d'un joueur à saigner, on les laisse entrer, fussent-elles même balafrées en travers ou défigurées d'une tache de vin. Ce sont des alliées. On leur compte la forte commission ; ensuite, les honoraires dus pour leur collaboration antihonorable.

D'ailleurs, l'administration sait bien que cet argent qu'on leur verse, elles le joueront et le perdront.

La commission est, en réalité, une simple avance.

Toutes, jolies ou non, sont en relations constantes avec Sellier, le roi des usuriers, d'une part, et Emile, le vice-roï, d'autre part.

Ce sont les auxiliaires de ces deux hommes et, par suite, du quatuor Blanc-Radziwill-Bonaparte et du souverain de la principauté, Honoré Ier.

Nul d'entre ces *honorables* n'ignore que leurs bénéfices sont décuplés par la collaboration quotidienne des *ambulantes* du tripot monégasque. A Paris, il y a un nom pour désigner les hommes de cette espèce-là.

Mais s'il est fait quelquefois, le plus souvent, toujours même, exception en faveur des femmes, jamais on ne transige avec la règle, pour ce qui concerne le sexe dénommé laid.

Dans les salons de Monte-Carlo, l'*homme doit jouer ou moucharder*. Il n'est pas pour nous d'autre fonction. Le touriste n'étant ni mouchard ni croupier *doit* jouer sous peine d'être expulsé du Casino, d'abord, de la principauté en suite, s'il se rebiffe.

Pendant les sièges, il ne faut pas de bouches inutiles. *Ici il ne faut pas de porte-monnaie inutiles.* C'est une nuance.

Qui ne joue pas est spectateur ; qui regarde se méfie, comprend et parle ensuite. Or, c'est à Monte-Carlo surtout que *le silence est d'or*. Vous ne jouez pas, vous êtes immédiatement signalé, on vous laisse sortir sans embarras. Lorsque vous voulez rentrer, les deux inspecteurs qui gardent la porte demandent votre carte. Vous la leur montrez ; ils vous la prennent, sous le prétexte qu'elle doit être changée, précisément ce même jour, pour raison administrative.

Au commissariat du tripot où vous vous rendez, on vous répond avec une exquise politesse — la politesse des rois... des grecs :

— Vous n'en aurez pas..... Ça ne nous regarde pas..... Sortez..... Foutez cet homme-là dehors !....

Si vous regimbez, deux policiers vous empoignent et vous conduisent au bureau du commissaire central. Celui-là ne relève plus du tripot, mais du gouvernement monégasque. Poliment, aussi poliment que son confrère du tripot, il vous demande :

— Vous avez un permis de séjour ?

Vous répondez : « Non, » et demeurez ahuri. Alors, les deux argousins qui vous ont amené vous remmènent, vous jettent dans le premier train en partance, et vous abandonnent au delà de la frontière en vous signifiant que nul n'a le droit de séjourner dans la principauté sans être muni d'un permis de séjour.

Le prix en est d'ailleurs de 50 centimes.

Le permis de séjour sanctionne donc tout simplement le droit du tripot de Monte-Carlo de se débarrasser, sous le couvert d'Albert-Honoré, des joueurs qui gênent, soit parce qu'ils gagnent, soit parce qu'ils surveillent, soit parce que leurs pertes aux tables de jeu font craindre à M. de Thézillat un suicide toujours possible.

Le permis de séjour a encore pour le tripot — pour Edmond Blanc, ses frères et beaux-frères et le prince Honoré Ier, — une autre utilité.

La police signale-t-elle la venue dans la principauté d'un *ponte* qui paraît cossu ?

Vite on lui dépêche un mouchard qui le prévient charitablement de se mettre en règle.

Quand il a décliné ses noms et qualités, on télégraphie à tous les correspondants que le tripot entretient de par les deux mondes.

Les renseignements demandés sont-ils favorables? le voyageur est-il riche? on l'acceuille avec empressement.

Est-ce au contraire un faiseur? On lui laisse entendre qu'il ferait mieux de retourner chez lui, et, au besoin, on lui retire son permis de séjour.

Aussi le permis de séjour sert-il à s'assurer de la valeur monétaire et marchande du touriste.

Ce n'est pas une précaution de gouvernement mais un renseignement de cercle.

On dit cependant et on crie bien haut que c'est par principe et au nom de la cause sacrée de la morale publique qu'il a été décidé que tout étranger, pour résider sur le territoire de la principauté, doit être muni de ce passeport spécial.

Or, Pranzini, Pranzini lui-même qui fut exécuté sur la place de la Roquette, l'obtint. Et il l'obtint sous son vrai nom ; et chaque soir, à l'heure de l'apéritif, on put le voir déguster son absinthe à la Condamine au Café du Siècle, avenue de la Gare, et faire sa partie de manille avec Fioup, l'un des propriétaires du café. Son associé s'appelle Justin.

On savait parfaitement à Monaco *qui* était Pranzini ; mais comme il avait de l'argent à perdre, on se fut bien gardé de l'arrêter, et de le remettre aux mains de la prévôté française.

A Monte-Carlo, rendez-vous des voleurs, on

est pour eux, tant que leur porte-monnaie n'est pas vide, d'une indulgence inouïe.

Ce n'est qu'après les avoir allégés du produit de leur vol, que M. de Thézillat, représentant direct, émanation des héritiers Blanc, autorise le baron de Farincourt, gouverneur de la principauté, son ancien collègue du Doubs, à répondre aux demandes d'extradition qu'adressent à Albert-Honoré les gouvernements étrangers. Ces demandes restent d'ailleurs vaines. On n'extrade aucun criminel de la principauté. Il est de principe que Monaco ne donne asile qu'à d'honnêtes gens.

Si un gouvernement étranger réclame un criminel, le gouvernement l'expulse et répond ensuite avec une naïveté qui semble sincère :

« Oui, il a passé par ici, mais il est parti. »

Je puis encore citer un autre exemple de l'utilité, pour le tripot, du permis de séjour.

Dernièrement, un jeune docteur, ancien interne des hôpitaux de Paris, eut la funeste idée de s'établir à Monaco. Il pensait, l'innocent, que la principauté n'était pas inférieure, au point de vue de l'hospitalité, aux autres Etats civilisés du globe.

Grande fut sa déception, quand il se vit interdire le droit d'exercer son art dans la principauté.

On avait pris en haut lieu des renseignements

sur le docteur, et on craignait de ne pas trouver en lui le valet complaisant qui signerait tous les certificats *post mortem* qu'on lui tendrait.

Quoi qu'on dise, les réclames à rebours que font à la principauté les suicides ont le don de déplaire absolument au prince Honoré Ier ; son souci le plus sérieux est, de complicité avec le quatuor Blanc-Radziwill-Bonaparte, d'escamoter les cadavres. Pour cela, il a besoin de la discrétion et de l'art des médecins. Aussi, de par son droit souverain, a-t-il résolu de ne tolérer sur son (?) territoire que des praticiens muets sans rémission, et tenant avec une étrange conscience le secret professionnel ou celui de la confession.

Je crois que pas n'est besoin d'insister davantage sur ce sujet. La police est achetée ; le gouverneur général est vendu. La preuve en est indéniable.

Le tribunal hybride de la principauté est-il plus probe ?

Voyons.

Les vrais Monégasques — race qui sera dans quelques années préhistorique — ne forment pas une population sédentaire suffisante pour alimenter la principauté. Aussi — et je ne les en blâme pas — recherchent-ils avec empressement toutes les affaires dans lesquelles leur ministère peut être utile, même de loin, tant à Roquebrune qu'à la Turbie, à Beaulieu et même à Nice.

En 1886, M. Clériot, notaire à Monaco, bien posé dans la ville, à l'étude fort bien achalandée, fit un pouf dépassant 500,000 francs.

Le Prince — dit le Juste — dépêcha son gouverneur, qui lui-même dépêcha des carabiniers, et le notaire fut incontinent arrêté et incarcéré dans la prison de Monaco. La veille du jour ou M. Clériot devait être jugé, il ne fut bruit dans la principauté que de son audacieuse évasion.

Les curieux purent constater *de visu* que ce notaire avait, à lui seul, arraché du mur de la prison des blocs énormes de pierre pour se frayer un passage par où il avait gagné la frontière.

La vérité est que, par ordre supérieur, les portes de la prison s'étaient largement ouvertes devant le prisonnier; qu'une voiture l'attendait, qu'il y était monté et qu'on l'avait reconduit avec de grands égards jusqu'à la frontière française.

Quant au trou de la muraille, il avait été exécuté par des ouvriers, sur l'ordre du gouverneur, pour sauver l'accusé, le principe et les apparences.

Actuellement, M. Clériot vit de ses rentes à Nice, en parfait bourgeois. Les autorités monégasques ne l'ignorent pas, mais se gardent sagement de solliciter du gouvernement français son extradition.

M. Clériot n'est pas, en effet, sans savoir bien des histoires qu'il est de l'intérêt d'Honoré Ier et de ses associés de ne pas répandre dans le public.

En résumé, et au risque de me répéter, tout ce qui précède me paraît expliquer avec une lucidité parfaite l'attitude servile du *Prince Rouge et Noir* envers les héritiers du père Blanc.

Il est payé pour leur obéir et se taire. Ses gens, ses fonctionnaires de tous ordres sont payés pour obéir et se taire.

Il règne, et ce sont Edmond et Camille Blanc, les princes Constantin Radziwill et Roland Bonaparte qui gouvernent.

Leur fondé de pouvoir est M. de Thézillat, ancien préfet bonapartiste du Doubs.

Ses acolytes sont le beau Bertora, Bonneau (Jean) et l'évêque Theuret.

L'évêque est millionnaire.

Les trois autres sont millionnaires.

Ainsi, M. de Thézillat, comme directeur de la *Société des bains de mer* (?), touche un appointement annuel de 60.000 francs. Son loyer, ses domestiques, ses dépenses, tout est payé en sus.

Bertora et Bonneau touchent chacun 20,000 fr. par an. Ils sont, comme Thézillat, défrayés de toute dépense.

Ajoutez à ce revenu fixe et relativement honnête les bénéfices malhonnêtes de sources diverses que peuvent leur procurer leurs fonctions, et vous pourrez, sans crainte d'exagération, affirmer que ces valets en sous-ordre mettent, tous les cinq ans, un million de côté.

A quel chiffre doivent s'élever les bénéfices du *Prince Rouge et Noir*, et de la Cour qui le subventionne?

LES JEUX

Les usuriers. — L'obligation de jouer

Mon intention n'est pas de décrire par le menu les splendeurs plus ou moins réelles du tripot de Monte-Carlo où, sous prétexte de bains de mer, la Société fait boire le suprême coup au joueur assez naïf pour hasarder sa mise. Il est des recueils et des guides aussi spéciaux que nombreux qui renseignent — avec fioritures largement rétribuées — le public à cet égard.

Il suffit de rappeler que le Casino de Monte-Carlo a été bâti sur les plans de Charles Garnier, l'architecte célèbre, et que la bâtisse est encore moins artistique, s'il est possible, que l'Opéra.

Les salles des jeux sont confortables, assez confortables pour qu'on s'y sente à l'aise et qu'on y reste jusqu'à la fuite du dernier louis.

* *

Je n'aurai pas la naïveté de crier après tant d'autres : « Le Casino vole le joueur! »

Non, le Casino ne le vole pàs; il le dépouille de son argent avec toutes les apparences de l'honnêteté. Je ne vise ici que la Roulette.

Quant au Trente-et-Quarante, nous verrons plus tard.

D'abord, pourquoi va-t-on à Monte-Carlo?

Parce que le site est beau, que la réclame nous l'a fait connaître par vingt, par mille articles dythirambiques et qu'il faut pour se dire « du monde » avoir vu Monte-Carlo, y avoir joué et y avoir perdu.

Car, faites cette remarque, vous ne connaissez personne qui ait gagné à Monte-Carlo ou, du moins, qui ait gagné une forte somme.

Il n'y a, en effet, qu'un moyen de gagner dans le tripot ou, pour mieux dire, de ne pas perdre, c'est de risquer son argent au hasard et, s'il n'est pas ratissé, de ramasser le gain et de fuir le salon de jeu en toute hâte.

« Faire Charlemagne. » Telle est la seule formule qui peut empêcher la ruine du joueur.

Que si le ponte n'a pas cette force de caractère, qu'il soit au moins assez courageux, assez entêté pour résister à l'offre qui lui sera indubitablement faite de s'asseoir à la table de jeu.

Nous verrons pourquoi tout à l'heure.

Une dernière remarque.

Chaque année, à la même époque, vous pourrez lire dans les journaux stipendiés par le tripot des annonces de ce genre :

MONTE-CARLO Professeur X..., auteur dn *Problème de la Roulette et sa Solution,* est à..... pour huit jours et reçoit hôtele..... rue.....

ou bien :

On parle beaucoup à Monte-Carlo d'un Anglais, M. Wells, qui vient, paraît-il, de gagner, au Trente-et-Quarante, près d'un demi-million.

M. Wells est un adepte du « coup de trois » qui consiste, on le sait. à laisser son argent sur le tapis jusqu'à ce qu'on ait gagné trois fois.

On dit que M. Wells envoie tous les soirs ses bénéfices à Londres pour n'être pas tenté de les reperdre.

Ce serait la conduite d'un sage !

Ou bien encore, comme par hasard, est déposée sur la table de café où vous allez assez régulièrement boire un bock une petite feuille ainsi libellée :

M. X***, en possession d'une marche infaillible, garantit à la personne qui lui confiera cent francs le remboursement de ladite somme dans les 24 heures. — La Roulette sans hasard.

Ces annonces, publiées et lancées par les soins de l'administration du tripot, servent à allumer

a.

les joueurs sceptiques. Et la bonne foi nous oblige à reconnaître que, par ce moyen déloyal, la Société attire les pigeons...

Voyons tout d'abord ce qu'est la Roulette. Tout le monde parle de ce jeu, bien peu sauraient l'expliquer.

LA ROULETTE

La Roulette comporte tout un attirail.

Notre prétention n'est pas, en style de fabricant, d'ébéniste ou d'ingénieur, de définir par le menu cette infernale machine, symbole du mouvement perpétuel, où roule, en même temps que la fortune des joueurs, la fameuse petite bille d'ivoire qui galope, saute, s'arrête, rebondit, entre ici, semble flairer là, hésiter plus loin, se demander si sa course circulaire s'arrêtera dans une case noire ou rouge, au numéro 8, au 0 ou au 27.

Tout le monde, même ceux qui n'ont jamais mis les pieds dans les salles de jeux du Casino de Monte-Carlo, surtout ceux-là peut-être, parlent des tables de Roulette comme la tribu d'Israël autrefois parlait des tables célèbres où sur le mont Sinaï la loi divine leur fut donnée.

Puisqu'on parle de *tables*, c'est donc qu'il faut, pour jouer à la Roulette, des tables, comme pour faire un civet de lièvre, il faut un lièvre.

Sur cette table est tendu un tapis vert.

Sur le tapis vert, la machine proprement dite : la Roulette.

Supprimez la table, le tapis ou la Roulette, cela équivaut à supprimer le joueur ou son argent : le jeu devient impossible.

***

LA TABLE

La table est comme toutes les tables : presque complètement circulaire, comme dans les cercles, aussi grande que possible pour permettre aux nombreux candidats à la ruine éventuelle de s'en approcher à l'aise et de faire ratisser leur argent.

***

LE TAPIS

Le tapis vert est divisé en deux et partagé en cases.

Au milieu trois colonnes longitudinales côte à côte. Au sommet le 0. Au-dessous, alignés par ordre dans 36 cases, les 36 premiers numéros.

A droite du tapis, trois divisions :

Manque,

Impair,

Rouge.

A gauche, trois divisions disposées symétriquement aux trois autres :

Passe,

Pair,

Noir.

Les expressions, *Rouge, Noir, Pair, Impair, Passe* et *Manque* s'emploient pour désigner :

Rouge, qu'on joue sur la rouge;

Noir, qu'on joue sur la couleur noire;

Pair, qu'on joue sur un nombre pair;

Impair, qu'on joue sur un nombre impair;

Manque, qu'on joue sur les 18 premiers numéros de 1 à 18.

Passe, qu'on joue sur les 18 derniers numéros de 19 à 36.

** **

CHANCE SIMPLE

La chance simple consiste à jouer, comme on dit en termes de course, *à égalité.* C'est-à-dire que la mise placée par le joueur a simplement la chance d'être remboursée.

** **

LE ZÉRO

Le *zéro* n'est pas un numéro comme un autre. Il est maître ; il est Roi. Sa place au sommet, en tête des autres numéros, indique qu'il a, sur ses pareils, une prépondérance, une supériorité.

Le joueur joue le zéro ;

Le zéro sort.

Que se passe-t-il ?

Au lieu de vous restituer simplement votre mise ainsi que la valeur du zéro semblerait, de prime abord, l'indiquer, la caisse vous rend :

1° Votre mise ;

2° En outre, trente-cinq fois votre mise.

C'est donc en réalité non pas un zéro, une nullité, un chiffre qui n'existe pas, qui ne compte pas, mais bien un trente-septième numéro avec lequel il faut compter d'autant plus qu'il est, de par sa valeur personnelle, ou plutôt qu'il paraît être plus dangereux.

Le joueur joue donc contre trente-sept numéros.

S'il gagne, le plus qu'il puisse toucher, c'est trente-six unités. Donc, il combat contre trente-sept numéros sans autre espoir que d'être, au maximum, remboursé de 36 au cas de chance.

Il risque donc, bien mieux, il est certain à l'avance, de perdre une unité par coup.

Pour la banque, elle est donc, de son côté, certaine, avant toute lutte, avant toute chance de gain ou de perte, d'encaisser la trente-septième partie de la mise totale.

Ce prélèvement avant tout jeu, avant tout règlement de partie assure de manière absolue à la

Banque, un bénéfice *quotidien* de 3 pour 100 environ sur les enjeux ; soit un intérêt annuel de 1,080 pour 100 environ.

Il faut avouer, une fois de plus, que le prince Roland Ruflin et ses beaux-frères s'y entendent pour placer leur argent à un taux largement rémunérateur.

Mais le zéro a encore une autre fonction. Il n'est — étant zéro — ni *Pair*, ni *Impair*, ni *Passe*, ni *Manque*, ni *Rouge*, ni *Noir*.

Supposons que le zéro sorte.

Les joueurs qui ont misé sur lui touchent leur mise, plus trente-cinq fois leur mise, soit au total 36.

C'est fort bien.

Mais les autres, tous les autres, tous ceux qui ont joué sur les chiffres, sur les couleurs, à *Pair*, *Impair*, *Passe*, *Manque*, *Rouge* ou *Noir* ?

Que deviennent les mises de ces joueurs qui forment l'immense majorité en nombre et en importance de valeurs ?

Régulièrement — si, à Monte-Carlo, il pouvait être question d'opérations régulières — quand le zéro sort, les joueurs devraient ne pas perdre ou ne pas gagner. Le zéro devrait être considéré comme coup nul.

Mais une telle façon de procéder, par cela même qu'elle serait équitable, ne ferait pas l'affaire des croupiers-chefs de Mont-Carlo.

Non, le *zéro* n'est un coup nul pour personne.

Pour ceux qui ne l'ont pas joué, c'est la condamnation à la prison temporaire ; une sorte de détention préventive pendant laquelle on attend — malheureux reclus — le verdict du coup suivant.

Ainsi, par exemple : Je joue cinq louis sur Pair et le zéro sort. La Banque garde momentanément ma mise.

Le coup suivant amène le numéro 12 : j'ai gagné mais on ne me paye pas ; on m'accorde seulement le droit de prendre part au coup suivant. Si ce troisième coup est 8, alors j'ai définitivement gagné et enfin, oh ! enfin la Banque consent à me payer.

Je suppose maintenant que le zéro sorte deux fois de suite.

Non seulement il me faudra pour gagner, moi joueur à *Pair*, que *Pair* sorte deux fois, mais bien trois fois.

Ce n'est plus de la détention préventive, non plus même de la prison, c'est trois ans de travaux forcés auxquels la déveine et la Banque du Casino me condamnent.

Je n'entreprendrai pas — ce serait à la fois de la fatuité et de l'inutilité — la discussion, même l'exposé du jeu de la roulette, dans ses grandes lignes ou ses détails.

Il n'y a pas cinquante façons de pratiquer le jeu

de la Roulette comme il n'y a pas cinquante façons de jouer au Piquet, à l'Écarté ou à la Manille.

Il n'y a pas une façon ni cinquante façons de jouer; chacun joue comme il veut, comme il croit devoir jouer, d'après des principes absolus, immuables, qui constituent une RÈGLE en même temps qu'ils en découlent.

Au surplus ne manque-t-il pas de livres techniques, de traités spéciaux, qui mieux que je ne saurais le faire édifieront le lecteur.

Sans compter les brochures de commande, publiées dans le but inavoué mais certain de prendre au miroir les gogos qui, comme les alouettes, en temps de neige, viennent bêtement se faire prendre, pnis plumer et enfin rôtir.

Pourtant, succinctement, j'indiquerai comment, d'habitude, on joue à la Roulette.

Jouer les colonnes signifie : miser sur les 12 numéros de haut en bas. Ainsi :

Du nº 1 au nº 34
» 2   » 35
» 3   » 36

La mise se place dans la case vide au-dessous de ces trois derniers numéro : 34, 35, 36.

On gagne le double de sa mise lorsqu'il sort un des numéros de la colonne sur laquelle on a joué.

On peut aussi faire la mise des deux façons suivantes :

a..

1° Sur deux colonnes à la fois ; dans ce cas, il faut doubler la mise qui se place sur chacune des colonnes choisies ;

2° Sur la ligne de séparation de deux colonnes ; dans ce cas on joue sur les numéros inscrits dans ces colonnes.

Que dire encore pour parler l'argot du cru ?

Qu'on peut jouer les douzaines, le carré, le sixain, la transversale simple, la transversale double, à cheval, au numéro plein ? Que sais-je ?

Mais, ce qui est important, c'est de bien remarquer que la seule invention du zéro, ce trente-septième numéro, cette trent-septième chance contre le joueur est plus que suffisante pour assurer à la banque un gain *certain* dans un temps plus ou moins long.

Irai-je aussi vous expliquer par le menu ce que sont et ce que font les croupiers. ce que sont et ce que font les inspecteurs, les chefs de partie ? Comment la bille est lancée dans le cylindre de la roulette et avec quelle dextérité ?

A quoi bon tout ce fatras ?

Qu'importe au lecteur qui m'a suivi jusqu'à cette page de savoir comment on joue à Mont-Carlo puisque ce qu'il a lu le fait certain à l'avance de perdre.

Il s'offre au joueur deux moyens seulement de ne pas laisser son argent au tripot.

1ᵉ Qu'il ne joue pas, d'abord ;

2° Que s'il a la faiblesse — comme tant d'autres — de jouer, il refuse de s'asseoir à la table de la roulette.

S'il ne fait pas Charlemagne et s'il s'assied, il est perdu.

Je le prouve.

***

Il est de règle, dans la principauté monégasque, que tout le monde est usurier.

L'usure est l'atténuation du vol, ou, si vous le préférez, le bouillon de culture — comme dit le docteur Koch — dans lequel se développe le bacille du vol.

Les principaux établissements de Monte-Carlo, hôtels ou cafés, ont à leur service des gens qui pratiquent la lucrative industrie au grand jour. Tout le monde le sait et personne n'y prend garde.

Entrez dans les salles. Autour des tables, les joueurs sont assis sur un seul rang.

Derrière eux, la foule des autres, debout.

Il va de soi qu'il vous est difficile de jouer, même de suivre le jeu.

Si vous avez été signalé à l'administration comme un *ponte calé* — c'est le terme — ou bien, si l'un des mille surveillants qui vous coudoient s'aperçoit que vous pouvez présenter quelque surface, immédiatement il vous est fait une place.

On procède ainsi :

Un monsieur placé au premier rang se lève, vous salue, vous offre galamment sa chaise. En même temps on vous pousse, on vous assied presque de force. Si vous avez le malheur d'accepter la place, si vous vous asseyez devant la table, vous êtes perdu.

Le joueur debout peut s'en aller, le joueur assis ne le peut plus. Ceux qui sont derrière et qu'il dérangerait s'y opposent. Et puis, il est trop près de la fournaise pour pouvoir s'en éloigner. Elle l'attire invinciblement et il ne s'en retire que brisé, fou, ruiné.

L'administration le sait bien et par ordre de MM. Edmond et Camille Blanc et des princes Constantin Radziwill et Roland Bonaparte, l'honnête Thézillat et le doux comte Bertora (le bel Antoine) s'arrangent pour faire asseoir le joueur sérieux, c'est-à-dire le *pigeon riche*.

L'obligeant personnage qui cède sa place au nouveau venu c'est Sellier, le roi des usuriers de Monte-Carlo, ou l'un de ses complices.

Chaque jour, un certain nombre de places sont retenues dans ce but par Sellier ou quelqu'un de sa bande.

Le jeu de Sellier, son rôle, est double.

D'une part, il fournit à l'administration qui

l'emploie, qui lui donne même des gratifications.
un portefeuille à vider.

D'autre part, ce même Sellier avance des fonds
à un taux d'intérêts invraisemblable au ponte, s'il
se décave.

En tous cas, par conséquent, c'est une bonne
affaire, sauf pour le joueur.

Et que MM. Edmond et Camille Blanc, que les
princes Constantin Radziwill et Roland Bonaparte ne viennent pas dire qu'ils ignorent ces
turpitudes, et ne s'avisent pas de renier cet
homme.

Ils l'encouragent, ils en profitent et ils ont fait
souvent à Sellier des avances de fonds à un taux
usuraire, eux aussi.

D'ailleurs, ils ne sont pas gens à se confier au
premier venu.

Ils n'ont pas conféré de telles prérogatives
à Sellier sans le connaître et sans en tirer
avantage.

Sellier est un enfant de la balle.

Il fut domestique de leur père, François Blanc,
puis prêteur sur gages à Hombourg. Quand François Blanc, chassé d'Allemagne, installa les jeux
à Monaco, Sellier l'y suivit et continua son commerce qui a prospéré.

Actuellement, Sellier est le seul usurier — re-
connu et salué — qui ait l'accès des salles de jeu.

Quelqu'un des mouchards de l'honorable tripot

a...

lui a-t-il signalé un portefeuille à dégarnir? l'ancien domestique de François Blanc se lève, lui offre sa place et l'oblige à s'y asseoir.

Voici maintenant comment il s'y prend pour le perdre et quelle aide il apporte à l'administration que dirigent avec tant de succès MM. Blanc et les princes Constantin Radziwill et Bonaparte.

Sellier se place derrière le joueur et pointe les coups, ce que le ponte ne saurait avoir le calme de faire. Obligeamment il lui indique les coups passés et l'influence sur ceux à venir.

Le malheureux joue, le malheureux perd... toujours. Quel que soit le jeu, que rouge ou noir sorte, c'est toujours *Blanc* qui gagne.

Le joueur perd, perd encore, perd toujours. Les louis ont roulé, son portefeuille est vide Chancelant il se lève pour partir.

Mais Sellier qui ne l'a pas quitté, qui lui a donné des conseils, lui tend une liasse de dix billets de 1,000 francs, puis dix autres encore, selon la fortune du pigeon.

Quelle que puisse être l'honorabilité ou la volonté du joueur, il accepte d'emblée et la somme empruntée tombe dans le gouffre à son tour.

A la sortie du Casino. Sellier tend un reçu tout préparé à son client.

La somme qui y figure est-elle bien celle qu'il a prêtée? Evidemment non. A quoi bon être usurier, si on ne fait pas d'usure ?

A partir de ce moment, le joueur signalé à tous les mouchards de la principauté — et ils sont nombreux — n'en peut plus sortir.

Il est prisonnier de son banquier d'occasion de par la collaboration autoritaire du baron de Farincourt, gouverneur, et du prince Albert-Honoré Ier

Tous ces gens-là s'entendent comme larrons en foire. C'est le *Syndicat du dépouillement*.

Que si, vingt-quatre-heures plus tard, un mandat ou une lettre chargée est adressée au joueur déveinard, Sellier, prévenu par la poste elle-même, est la première personne qui se trouve, comme par hasard, à l'ouverture de la providentielle missive.

Si après avoir remboursé son dû, le ponte manifeste l'intention de regagner la France, Emile alors, le vice-roi des usuriers, entre en scène.

Emile n'a pas la fonction officielle d'usurier des Jeux et de la Cour. C'est un prêteur de moins haut **vol** que Sellier. Il n'a pas, comme ce dernier, l'accès des salles de jeu. Il s'en console d'ailleurs en y faisant pénétrer quelques amis dont la fonction consiste à lui signaler les déshérités pouvant avoir besoin de ses services (?).

Emile tient ses assises au café de Paris (qui appartient à la famille Blanc), ou se promène, comme un marchand de contre-marques, devant la porte du Casino, en quête de victimes.

Avec son complice Sellier, ils se renvoient la balle. Les reçus du joueur *allumé* par Emile sont signés dans la salle du restaurant, au café de Paris ou sur la terrasse qui s'étend derrière.

On amène le joueur dans l'antre, de la façon la plus simple. Deux femmes, jolies autant que possible, sont lancées sur le jobard et l'enjôlent, car il n'est pas de bois. Quelques minutes plus tard, le malheureux est amené à Emile, qu'on lui présente.

On lui explique alors une marche certaine, infaillible pour faire fortune, se *refaire* au moins.

Au besoin, on lui montrera un rastaquouère quelconque qui a gagné, la veille, cent mille francs à la roulette et on l'abouchera avec un professeur, inventeur d'uue méthode qui ne faillit jamais.

La plupart du temps, la leçon est suivie d'effet.

Une bouteille de champagne, offerte à propos, suffit pour donner la victoire à Emile.

Le pauvre jobard, escorté des femmes, suivi des amis, pénètre à nouveau dans les salles de jeu. On lui fait une place à la table, et il ne quitte le casino, cette fois, que définitivement *nettoyé*.

Quant à Sellier, ou à Emile, ou à celles ou à ceux qui ont ramené cette brebis égarée au tripot d'Edmond et Camille Blanc, des princes Constantin Radziwill et Roland Bonaparte, l'administration des jeux paye une commission proportionnelle à la perte subie par le *pigeon*.

A deux reprises j'ai prémuni le joueur contre le danger de s'asseoir aux tables de jeux.

*
* *

A ce propos, il n'est pas sans intérêt de rappeler la conversation qu'eut François Blanc un soir où la roulette paraissait devoir tourner à la confusion de la caisse du vieux corsaire. Effaré, un inspecteur se précipita vers François Blanc. « Nous allons sauter, dit-il au patron; jamais nous n'avons eu une telle déveine. » François Blanc réfléchit une minute, et : « Le joueur est-il assis, demanda-t-il. — Oui, monsieur. — Eh! bien, répondit François Blanc tout joyeux, ne vous émotionnez pas, mon garçon, tant qu'un ponte reste assis, l'argent est plus près de notre caisse que de sa poche. »

Les croupiers du Casino résument par une phrase naturaliste la philosophique pensée du fondateur des jeux de Monte-Carlo.

Si un joueur manifeste une veine insolente, ils se contentent de dire, en parlant de son gain... momentané : « C'est de l'argent qui découche. »

Voici plusieurs fois déjà que, dans ce volume, nous signalons au joueur le danger de s'asseoir aux tables de jeu.

a....

S'il était besoin, pour fortifier cet avis, nous répéterions l'une des mille anecdotes qui courent les tables d'hôte méridionales, vieilles rengaines qui depuis si longtemps qu'elles passent de bouche en bouche sont tombées dans le domaine public.

Nous éviterons au lecteur cette nomenclature fastidieuse et facile.

Toutefois nous donnerons un exemple qui nous est personnel.

C'était du temps du père Blanc, voici déjà quelques années par conséquent. Un brave homme de tournure aisée, d'allure un peu gauche, au milieu de ce clinquant et de ce faux luxe, entra dans les salles de jeu.

L'administration savait qui était ce nouveau client : un commerçant enrichi, que des *allumeurs* avaient arraché à son comptoir.

On lui croyait une fortune de plusieurs centaines de mille francs. On était en tous cas certain qu'il ne connaissait ni le jeu, ni les mille trucs à l'aide desquels on sait influencer l'aveugle hasard en faveur de la Caisse Blanche.

A peine dans la salle, on le poussa, sans affectation, vers une table de Roulette où — toujours par hasard — une place lui fut aussitôt laissée, au premier rang. Il s'assit et joua.

La comédie quotidienne, vieille comme le tripot, fut jouée une fois de plus.

Le malheureux joua, doucement d'abord, puis

sollicité par l'un, déconseillé par l'autre, s'emballa. Comme un insensé, il misait n'importe où n'importe quelle somme, poussant son gain et sa perte, sans distinguer si le rateau du croupier ratissait ou non ses billets.

En deux heures, son portefeuille fut vidé.

Deux heures plus tard, son crédit, sa fortune à venir, ses héritages éventuels étaient fondus dans la poche des usuriers.

C'était la faillite, le déshonneur pour lui, pour les siens,

La poche du pauvre homme était vide ; on l'expulsa des salles et on le fila pour s'opposer à un suicide que la police du tripot supposait probable.

L'aventure vint aux oreilles du père Blanc.

Il était dans une bonne veine ce jour-là, avec des tendresses d'alcoolique qui pleure la mort d'un rat.

Il fit venir sa victime dans son cabinet et lui tint un long discours où, dans une improvisation *à côté*, il lui montra les dangers inéluctables du jeu.

« Voyez-vous, mon ami, conclut le vieux crò-
« crodile, quand on est commerçant, on ne joue
« pas, car si on joue on perd, et vite on devient,
« sans le vouloir, un malhonnête homme..... Mais
« je veux que vous conserviez bon souvenir de
« moi. Vous avez perdu une centaine de mille

« francs; les voici, vous me les rendrez aussitôt
« que vous le pourrez. Mais vous allez me donner
« votre parole d'honneur de ne plus jamais jouer
« de votre vie. Allez et ne péchez plus. »

Le jour où Edmond Blanc et ses associés en
feront autant, je les propose pour un prix Mon-
thyon.

Mais, s'il est nécessaire que le joueur soit assis
devant la table pour être brûlé à petit feu par la
fournaise, il est indispensable qu'il ne quitte pas
la salle de jeux.

Il peut sortir pour trois raisons :

Soit parce qu'il est décavé. Et, dans ce cas,
l'intérêt de l'administration est de l'expulser
sans retard de la principauté. Gare aux suicides !

Soit parce qu'il a gagné. C'est aux femmes et
aux mouchards du Casino à le ramener au bercail,
et je vous ai montré comment on s'y prend dans
la circonstance.

Enfin le joueur peut être forcé de sortir de l
salle parce que, momentanément décavé ou vou-
lant ralentir son jeu, il désire convertir en monnaie ses billets de banque ou ses valeurs.

Les mouchards de l'administration avaient
remarqué que le joueur, une fois sorti de la salle
de jeu pour ce motif, réfléchissait sur sa situation, se raisonnait lui-même, et neuf fois sur dix
prenait immédiatement le train pour fuir la ten-

tation et quittait la principauté. La nouvelle administration des jeux de Monte-Carlo décida alors, pour empêcher le joueur de quitter la salle, d'établir, dans le Casino même, un bureau de change de monnaies. Cette idée, qui paraît au premier abord anodine, est sans contredit la plus machiavélique invention d'Edmond Blanc, chevalier de la Légion d'honneur et maire de La Celle-Saint-Cloud. Grâce à la création de ce bureau de change, l'administration est certaine que le joueur, n'ayant pas le temps de se reprendre, ne lui échappera pas. En outre, elle arrive assez facilement à connaître, au moins d'une façon approximative, la fortune de chacun de ses clients.

Enfin transformés en banquiers cambistes, les Blanc-Radziwill-Bonaparte réalisent avec les seuls droits de change plusieurs millions de bénéfices par an.

Au surplus ne faut-il pas se lamenter plus que de raison sur la ruine des gens du monde assez sots pour se laisser prendre aux pièges grossiers qui leur sont tendus.

Depuis le temps qu'ils ont appris à connaître en quelle forêt de Bondy ils se promènent, ils auraient dû se munir d'un revolver avant de s'y aventurer.

Notre surprise n'a plus de bornes quand nous voyons par exemple des syndicats constitués entre gens intelligents dans le but de faire sauter la Roulette.

Autant vaudrait pour eux confier leurs fonds à un Macé quelconque qui filerait ensuite avec la caisse après leur avoir promis, payé même parfois, des intérêts invraisemblables.

Ainsi, M. Crochepierre, curé de Cocumont — un nom malheureux pour les ménages — arrondissement de Marmande (Lot-et-Garonne), vient, bien involontairement sans doute, de faire perdre 25,000 francs à ses ouailles.

Un allumeur quelconque l'avait persuadé qu'il était en possession d'une marche infaillible qui devait, tout simplement, faire sauter la banque.

Le brave curé ouvrit l'œil, et les plus riches d'entre ses paroissiens ouvrirent leurs porte-monnaie ; l'évêque lui-même donna l'exemple.

On réunit ainsi 150,000 francs, qu'une personne de confiance fut chargée de jouer par paquets.

A la fin de la première séance, la caisse du Casino avait déjà englouti 25,000 francs.

Le syndicat prit peur et rappela son caissier en toute hâte, persuadé qu'il avait été dévalisé à Monte-Carlo comme à la corne d'un bois.

L'évêque, très peu satisfait de l'aventure, crut devoir déplacer le curé, qui est actuellement pourvu d'une cure supérieure dans ce même arrondissement de Marmande.

LE TRENTE-ET-QUARANTE

Ici, nous avons l'air d'écrire un chapitre à l'usage des couturiers pour dames.

Le personnage principal, l'acteur qui tient et remplit le premier rôle, dans cette tragi-comédie du jeu s'appelle, en effet, un *tailleur*.

Et il a cette supériorité sur ses congénères, confrères, et autres coupeurs généralement quelconques que le *tailleur* du *Trente et Quarante* est à la fois tailleur pour dames, pour hommes, pour rastaquouères et autres Radziwill.

Sur le boulevard, à Paris, en des magasins fastueux, le tailleur prend des mesures de costumes ou de robes.

A Monte-Carlo, dans le Casino, le tailleur prend aussi des mesures. Mais ce sont des mesures de *vestes*... pour les joueurs.

Et pourtant, Dieu sait que ce tailleur *à façon* n'en a pas l'air.

Il prend en mains six jeux de cartes complets qu'on appelle, en argot de jeu : une taille.

Il dispose, carte par carte, ce jeu en deux rangées : la première qui appartient à la *noire*, la seconde qui appartient à la *rouge*.

Selon que sort *rouge* ou *noire*, en couleur, les mises placées sur le tapis, à couleur semblable, gagnent ou perdent.

La couleur qui perd est celle qui, en comptant les figures pour dix chacune fait le plus faible point.

A égalité de point, le coup est nul et le *tailleur* recommence à donner.

Personne ne gagne et personne ne perd.

Mais la Banque, me direz-vous? A la Roulette elle s'assure à l'avance et certainemen t, un bénéfice à l'aide de l'éventualité de sortie du zéro.

Est-il croyable qu'elle ne se soit pas réservé' par un moyen analogue, un bénéfice analogue, au taux de 1,080 pour 100 l'an dans le jeu du Trente et Quarante?

Lecteur, tous mes compliments. Vous raisonnez juste et je vois avec plaisir que vous commencez à bien connaître les plans de ces illustres tenanciers du tripot monégasque.

Au *Trente et Quarante*, le zéro n'existe pas, c'est vrai. Donc, le joueur n'a pas à craindre ce que j'appellerai le coup du zéro.

Mais... mais — à Monte-Carlo il y a toujours un *mais* ou un *toutefois* ou un *cependant*, comme dans les *Faux bonshommes* — si le joueur au

Trente et Quarante n'est pas *refait* par le zéro, il est *refait* par le *Refait*.

Le *Refait* consiste à faire, aux deux couleurs, le point égal.

Si, en même temps, à rouge et à noire, le point égal sort, personne ne gagne.

Les mises sont garées, mises à l'ombre, jusqu'au coup suivant.

C'est la répétition du coup du zéro, comme on|voit.

Mais, au Trente et Quarante, le joueur peut se garer du Refait, au moyen d'une assurance : l'assurance du Refait.

Comme pour toute espèce d'assurance, il faut payer une prime. Cette prime est de cinq francs pour cinq cents francs, soit un franc pour cent francs.

Moyennant le paiement de cette prime, le joueur s'assure à l'avance contre la chance contraire au Refait.

Il n'assure pas un gain : il s'assure contre une *arrestation* de sa mise.

Tout comme à la Roulette, on joue au Trente et Quarante la *couleur*.

Pas n'est besoin d'une explication pour ce genre de jeu.

Le miseur peut jouer aussi *l'inverse*, c'est-à-dire le contraire de la couleur qui sort.

Le joueur joue, dans ce cas, non pas *pour lui*, mais *contre* la banque.

Pour la *technique* du jeu de Trente et Quarante, je répéterai ce que j'ai dit précédemment du jeu de la Roulette.

Ceux d'entre mes lecteurs qui m'ont fait l'honneur de me suivre jusqu'ici n'auront qu'à se reporter aux traités spéciaux que des rêveurs ou des industriels ont fait imprimer dans un but qui m'échappe.

Je pourrais même ajouter que le traité le plus complet du Trente et Quarante coûte, au dire des fanatiques de combinaisons plus ou chimériques, une quinzaine de francs.

Et de même que pour la Roulette, mais sans entrer davantage dans la discussion des systêmes choisis et suivis par les forcénés du jeu, j'indiquerai, en style télégraphique, comment le commun pratique d'habitude le Trente et Quarante.

L'un des inventeurs les plus anciens et les plus illustres fut d'Alembert qui détermina scientifiquement, paraît-il, une *montante* et une *descendante* infaillibles.

Je crois volontiers que ceux des habitués du tripot qui, aveuglément s'en rapportent à la méthode de d'Alembert perdent leur argent suivant des règles mathématiques. C'est une consolation, mais, avec moi, vous avouerez qu'elle est bien platonique.

Le *tiers et tout* est un système non moins suivi, non moins scabreux aussi.

Car, il convient ici de faire cette remarque, s'il est des systèmes infaillibles en *théorie*, il n'en est pas d'infaillible en *pratique*.

Le joueur joue contre une machine ou contre le hasard, autre machine.

Peut-il, quelle que soit son attention, quelque soit son sang-froid, être certain de ne commettre aucune erreur? La moindre inattention suffit pour amener sa perte et avec sa perte, sa ruine.

D'ailleurs, le simple bon sens indique que si un système quelconque pouvait assurer, je ne dirai pas le gain du joueur, mais seulement contre assurer sa perte, le Casino de Monte-Carlo serait ruiné en deux mois.

Or, il gagne de l'argent.

Donc, les sytèmes ne valent rien.

Ce qu'il — comme dirait d'Alembert lui-même — ce qu'il fallait démontrer.

Terminons par quelques termes de boutique.

Paroli.

Paroli! terminaison italienne d'un couplet d'opéra-comique.

Faire paroli consiste à remettre en seconde mise le bénéfice du coup précédent plus la première mise. Faire paroli ou martingaler, c'est tout un.

Il est indiscutable qu'en poussant le paroli jusqu'à extinction, le joueur du *Trente et Quarante* est sûr de rentrer dans sa mise. Mais, il faut réfléchir un peu avant de s'nballer, comme on dit.

Le minimum de la mise étant un louis, voici la progression du paroli dans le cas où le joueur perdrait dix coups de suite, ce qui n'a rien d'impossible.

1er coup.	1	louis.
2me »	2	»
3me »	3	»
4me »	4	»
5me »	5	»
6me »	6	»
7mo »	7	»
8me »	8	»
9me »	9	»
10me »	10	»

Vous avouerez qu'il faut — on croirait entendre parler le comte romain Bertora — *avoir de l'estomac* pour jouer longtemps un jeu pareil.

Au dixième coup, après avoir débuté par 20 francs, risquer dix louis, peste !

Il y a aussi — que n'y a-t-il pas ? — le coup de deux, et les malins vous diront qu'on en rencontre en moyenne quatre-vingts par jour.

Je n'en disconviens pas. Encore faut-il ne pas passer au travers de ces quatre-vingts coups qui, par hasard, recèlent votre fortune.

Les *professeurs*, il y en a presque autant que de joueurs, vous expliqueront qu'il faut, soit attendre la chance, soit jouer contre elle, soit attendre qu'elle passe deux fois, soit passer outre.

Quand la chance passe deux fois, on vous dira qu'il faut prendre parti pour *Couleur* ou *Inverse* contre *Rouge* et *Noir* ou réciproquement.

Que sais-je ?

Rien de ceci n'a d'importance.

Un point seulement est certain : jouez comme bon vous semblera, selon le système que vous choisirez ; avec tel ou tel bouquin dans la main. Usez cent crayons de couleur, une grosse d'épingles, sans compter les manches de votre redingote ; munissez-vous des porte-veine, des gris-gris, des amulettes les plus invraisemblables : têtes de vipères, griffres de fauves, médailles saintes, dents de belles-mères heureusement mortes.

Aucune de ces multiples précautions ne vous servira de rien.

D'avance, indubitablement, certainement, infailliblement, vous avez la vocation de la ruine.

Le *Refait*, sans compter les autres déveines, vous nettoyera, comme le zéro a nettoyé votre camarade à la table de la Roulette.

**

Les tailleurs — ce sera le mot de la fin — sont tout simplement d'une habileté merveilleuse. Ils élèvent leur obscur métier à la hauteur d'un art.

Filer la carte, en *plaquer deux*, sont pour ces honnêtes gens jeux d'enfant.

Jouent-ils pour leur compte, à l'aide de comparses, contre la Banque?

Evidemment. Comment, sans tripoter, pourraient-ils vivre comme ils vivent?

Un exemple entre mille :

En 1888, un syndicat s'était formé entre plusieurs individus qui, ayant mis en commun leurs apports, avaient réalisé un capital d'environ 60,000 francs. Ce capital était destiné à *faire un coup*.

L'acteur principal était un sieur Gardane, croupier du tripot aux tables du Trente-et-Quarante.

Les associés de Gardane étaient :

1° Le sieur Crespe, ancien croupier, tenancier de jeu, ami de Gardane ;

2° Le nommé Brun, sans profession, pourvu d'un casier judiciaire des plus chargés ;

3° Le tenancier d'une maison de la rue Saint-Michel, à Nice ;

4° La maîtresse de Gardane ;

5° Cinq autres individus de la même moralité.

Vous voyez que je précise.

Voici comment le *coup* fut opéré : l'argent fut distribué entre eux tous et la bande se rendit au tripot.

On attendit que Gardane fut en banque et, sur un signe convenu, trois ou quatre de ses associés demandèrent en même temps aux trois autres croupiers la monnaie de 1,000 francs en pièces de 20 francs.

Au même instant, la femme qui était restée debout, laissa tomber sur le parquet une poignée d'or d'un millier de francs. La partie fut arrêtée net, car chacun dut se déranger pour permettre aux domestiques de service de ramasser les pièces d'or.

Au moment précis où l'attention de tous était attirée par le bruit de la chute des louis, un des associés de Gardane lui posa prestement dans la main, sur les autres cartes, une portée de huit coups à rouge. La partie reprit; la bande ponta ferme et, en l'espace de quelques minutes, il fut enlevé à la banque une somme de six à sept cent mille francs.

Le chef de partie, qui avait remarqué que toutes les grosses masses étaient à rouge, fit, après la taille, compter les cartes et en trouva une trentaine en trop.

Gardane fut immédiatement conduit chez le directeur par un inspecteur, et, après interrogatoire, arrêté. Traduit ensuite devant le tribunal monégasque, il fut condamné à 18 mois de prison... pour la forme.

A sa sortie de prison, Gardane reçut pour sa part une soixantaine de mille francs...

Ce qui est curieux, c'est que Gardane n'en était pas à son coup d'essai. Une fois déjà il avait été pris la main dans le sac et, pour éviter le scandale, on avait fait passer ce croupier de la troisième à la première classe.

Je dédie ce qui va suivre à M. le grand chancelier de la Légion d'honneur.

Pour donner meilleur aspect au tripot et ébouriffer les naïfs, tous les employés de l'administration, du directeur au dernier des larbins, portent à la boutonnière une décoration quelconque.

Il m'importe peu de savoir à quel ordre appartient tel ruban vert ou tel ruban bleu.

Mais, quand je vois, à la boutonnière des croupiers, des inspecteurs ou des directeurs, le ruban de la Légion d'honneur, ou de la médaille militaire, je m'indigne.

C'est prostituer notre ordre national et le signe de l'honneur de l'armée que de les traîner autour des tables de jeux, dans cet antre d'infamie où la rapacité ne le cède qu'au vol et le vol au meurtre.

A bas votre rosette d'officier, M. de Thézillat! Votre profession de directeur de la Société vous rend indigne de la porter, et un ordre de la chancellerie vous défend d'en orner votre boutonnière à l'intérieur du Casino. A bas votre ruban de chevalier, M. Bertora! Votre vie tout entière insulte l'ordre de la Légion d'honneur.

Bertora chevalier de la Légion d'honneur!

C'est à ne pas croire.

Dieu sait comment et pourquoi il a été décoré.

Si vous consultez les contrôles de la Légion d'honneur, vous y verrez qu'il y figure un nommé Bertora, sans prénoms, nommé chevalier par décret du 13 août 1861 en qualité de secrétaire du service des chambellans.

Est-il besoin que je vous dise, étant données les qualifications ci-dessus, que ce brevet de chevalier a été tout simplement surpris.

Je ne m'étonne plus qu'Edmond Blanc ait voulu rougir sa boutonnière. L'amant de sa mère était chevalier, le fils pouvait bien l'être.

> Où l'amant a passé passera bien l'enfant.

Les honnêtes gens, les légionnaires qui ont gagné leur croix, qui n'ont pas volé leur médaille, rougiront de honte à la pensée que la distinction que leur a valu une vie toute d'honneur et de probité, est prostituée par les croupiers et les directeurs du tripot de Monte-Carlo.

Ils uniront leur voix à la mienne, afin que M. le grand chancelier de la Légion d'honneur donne les ordres les plus précis pour faire respecter la défense édictée, voici quelques années, de porter dans les salles du Casino, et même dans la principauté, les décorations françaises.

Autant porter sa décoration dans un lupanar. En France, quand un légionnaire entre dans un mauvais lieu, il cache son ruban.

* * *

Nous avons parlé des croupiers; nous avons omis de parler de leurs appointements.

Les plus anciens croupiers, les plus fidèles, touchent 600 francs par mois. A peine en compte-t-on une dizaine. Les autres débutent à 1,800 francs par an pour arriver à un maximum de 3,000.

Il va de soi que, pour faire des économies, on se débarrasse autant qu'on peut des anciens croupiers, les plus coûteux à l'administration.

Pour Edmond Blanc, maire de La Celle-Saint-Cloud et chevalier de la Légion d'honneur, l'économie est, d'ailleurs, un principe quasi religieux. Avant qu'il ne mit Monte-Carlo en actions, les petits employés du tripot étaient nourris aux frais des joueurs. Depuis l'avènement d'Edmond Blanc, les malheureux se nourrissent à leurs frais.

Ne vous apitoyez cependant pas trop sur le sort du croupier monégasque.

Si petit que soit l'appointement qu'il touche, il meurt toujours dans la peau d'un propriétaire.

Ce qui prouve que, si la Société des jeux l'exploite, il applique la loi du Lynch en la volant.

NOTA BENE

Dans notre première édition le chapitre des jeux a été traité de façon tout à fait différente.

Afin de donner à mes lecteurs une étude à la fois plus complète et plus précise des jeux de Roulette et de Trente-et-Quarante, je m'étais adressé à un spécialiste en qui j'eus tort d'avoir confiance.

Il a outrageusement pillé certains ouvrages sous prétexte sans doute de documenter son œuvre.

C'est ainsi qu'on risque, pour vouloir trop bien faire, d'être accusé de plagiat par des écrivains qu'on tient en haute estime et qui n'ont, en ce qui les touche, nulle raison de suspecter votre bonne foi.

Afin d'éviter tout équivoque et pour démontrer péremptoirement que je fus — une fois de plus — victime et non plagiaire, je n'éprouve aucun embarras à déclarer que l'homme qui me trompa a puisé des renseignements sur les jeux dans les volumes ci-après :

M. A. BELOT, *Une lune de miel à Monte-Carlo* (Dentu, éditeur) ;

M. CARLE DES PERRIÈRES, *Rien ne va plu* (J. Rouff, éditeur) ;

M. P. MONFALCONE, *Monte-Carlo intime* (Savine, éditeur).

P. DUMONT.

LES SUICIDES

La conséquence la plus commune d'une séance de jeu à Monte-Carlo est le suicide.

Le joueur est décavé; les inspecteurs, les mouchards de tout ordre le signalent immédiatement.

Dès lors, le seul but de l'administration est de l'empêcher de se tuer.

Afin de le mieux surveiller, on lui interdira d'abord l'accès des salles de jeu ; à son hôtel il sera mouchardé nuit et jour; dans les rues, sur les promenades, il sera filé.

Que si ces moyens préventifs ne paraissent pas suffisants, on l'empoignera avec l'aide de la police, qui, comme je vous l'ai bien fait remarquer, dès le début, est aux ordres absolus d'Edmond Blanc et de sa bande. Le prince Albert-Honoré Ier a abdiqué tout pouvoir entre les mains de ses souteneurs. Ordre est donné au baron de Farincourt, gouverneur de la principauté, d'obliger la magistrature et la police monégasque à obéir aux ordres des croupiers.

14

A tout prix, même à prix d'argent — gros sacrifice — l'administration doit éviter un suicide.

Songez donc à la réclame à rebours qu'une mort violente fait au Casino de Monte-Carlo !

Des sbires saisissent le pauvre diable et, comme un voleur, le mènent au commissariat. Là, de Thézillat, l'intègre directeur, s'enquiert de sa perte et du lieu de sa résidence. Il lui fait signer un reçu d'une somme variable, signale le joueur à tous les surveillants et l'expulse ensuite de la principauté. Il n'aura le droit de rentrer dans les salles de jeu qu'après le remboursement de sa dette.

Au-delà de la frontière, libre à lui de se tuer. Le suicide aura lieu en France. On ne pourra pas le mettre au compte de Monte-Carlo.

La somme d'argent qu'il a *empruntée* au Casino, c'est-à-dire les quelques louis que ses voleurs lui ont restitués s'appelle le *viatique*.

Voici le tarif des viatiques : pour Marseille, 50 francs; pour Lyon, 100 francs; pour Paris, 150 francs. C'est pour rien. Mais où que le fugitif se rende, le sbire qui l'accompagne lui remettra, non pas la somme même, mais un billet de troisième classe, et seulement à la frontière.

Il est à remarquer que si, à l'aller, les wagons de première classe sont pleins, au retour, ce ne sont pas ceux de troisième classe qui sont vides. Preuve que le Casino de Monte-Carlo fait bien ses affaires et que la roche tarpéïenne est toujours auprès du Capitole.

« Monsieur, monsieur... circulez... on ne reste pas ici. Qu'est-ce que vous regardez ? »

Ainsi s'exprime le mouchard qui dérange de sa rêverie le promeneur qui considère la « grande bleue. »

On a peur du suicide ici... On s'en gare... avant la lettre de faire-part... qui du reste n'est jamais imprimée ni envoyée.

Car — chose curieuse — jamais on ne voit d'enterrements à Monte-Carlo.

On y meurt cependant, comme partout, plus que partout même, puisque le fort contingent des décès est fourni par les suicides.

Est-ce à dire que, à part les morts violentes, la longévité des Monégasques est quasi-providentielle ?

Albert-Honoré Ier et la douce Alice, Edmond Blanc, Constantin Radziwill et Roland Bonaparte savent bien que la mortalité à Monaco est supérieure à la mortalité à Paris. Mais ils sont payés — c'est le cas ou jamais de le dire — pour cacher lés enterrements.

A Monte-Carlo, on vient pour jouer, pour s'amuser, blaguer, rire, ne songer qu'à *claquer* son argent, chasser toutes pensées lugubres, oublier tout ce qui peut-être triste.

Voyez-vous un corbillard déambulant les rues et les promenades? Immédiatement, tous les fétichistes, et ils sont nombreux, verront tout en noir.

Les habitants, cependant, passent de vie à trépas, dans la principauté, avec autant d'empressement que dans les autres villes. Pour eux, l'enfouissement est précédé d'une cérémonie religieuse sommaire qu'on célèbre au petit jour, vers six heures du matin. Pour les joueurs qui se détruisent, l'enterrement est encore plus simple. Un trou et quelques mottes de terre sur quatre planches de sapin.

C'est tout.

C'est ainsi que le quatuor Blanc-Radziwill-Bonaparte reconnaît les *services* rendus par les pontes qui se sont ruinés à leur profit.

J'affirme, et je suis prêt à engager un pari de cent louis, que le chat adoré de la princesse Roland, ce chat qui joua un si grand rôle dans sa vie, fut inhumé avec moins de cynisme que le plus riche macchabée de la principauté. J'ai vu l'an dernier un jeune homme qui, en pleine salle de jeu, se fit sauter la cervelle. Il avait perdu trois cent mille francs. C'était le fils d'un architecte de Réthel.

A l'instigation de deux femmes payées par l'administration — par l'intègre Thézillat — le jeune homme, presque un gamin, était rentré dans la fournaise.

En une heure, les râteaux avaient ratissé sa fortune.

Dès qu'on le sut ruiné, on lui tourna le dos dédaigneusement. Ainsi l'ordonne la règle.

Ahuri par dix coups de perte successifs, le jeune homme s'était assis dans un coin, sur un fauteuil et rêvait, les regards perdus au plafond doré de la salle. Le quadrille des louis qui dansaient sur les tables voisines accompagnait ses pensées.

Tout à coup, et sans que rien eût pu faire prévoir sa détermination, il appliqua le canon d'un revolver sur sa tempe et fit feu.

Ce fut un sauve qui peut général. On crut que le Casino sautait à la dynamite. Les portes n'étaient pas assez larges pour livrer passage au flot des joueurs en fuite. Seuls les croupiers, fidèles par force à leurs râteaux, restèrent en place.

On enroula le pauvre garçon dans le tapis vert d'une table et, pendant que le médecin de service — par précaution, l'administration enrôle toujours un médecin de garde — donnait à très haute voix l'ordre de transporter le *malade* à l'hôpital, on le transportait dans la chambre des suicidés.

C'est une vaste salle, morgue des malheureux qui font la fortune des Blanc-Radziwill-Bonaparte.

Elle est située juste au-dessous du salon des jeux.

14.

On y descend directement pas un escalier spécial — tout comme celui de Bertora pour Mme Blanc — qui s'ouvre auprès du commissariat des jeux.

On descend les cadavres, soit par le commissariat des jeux, si le ponte s'est occis dans le Casino, soit par un escalier dérobé qui s'ouvre derrière le Casino, dans les soubassements de l'édifice.

C'est par cet escalier qu'on remonte, à la nuit, les victimes du quatuor Blanc-Radziwill-Bonaparte.

Vers deux heures du matin, au moment précis où les noctambules sont rentrés et où les matineux dorment encore, on enlève le corps dans une boîte à dominos ; on le descend à la mer, où un canot le reçoit et le transporte jusqu'au cimetière de la Turbie, à la frontière française. Ainsi, nul ne peut croiser en chemin le lugubre cortège.

Je dis « cortège » à dessein, car quelques mouchards à toute épreuve, même à l'épreuve de l'eau, leur élément naturel, l'accompagnent pour en écarter les curieux, fût-ce à coups de triques.

Le monsieur emballé, habillé de quatre planches de sapin — costume d'été peu coûteux — sans l'ombre d'une cérémonie quelconque, religieuse ou civile, est enfoui comme une charogne dans un trou creusé en hâte. Puis on nivelle le sol et tout est dit pour l'éternité. Pas la moindre inscription ne peut rappeler le nom ni l'âge de celui qui s'est tué pour la Princesse de la Roulette. Le fossoyeur lui-même, deux jours plus tard, ne pourrait plus retrouver son client nocturne de l'avant-veille.

Vous allez m'objecter : « Et les actes de l'état civil ? »

Vous voulez rire, sans doute.

Ne vous ai-je pas dit que tout, l'administration, la justice, la police, appartient au Casino de Monte-Carlo.

On n'inscrit sur les registres des décès que ceux qu'il est impossible d'escamoter, parce que les promeneurs les connaissent, et que l'un ou l'autre les a vus se tuer.

Les autres, ceux que les surveillants découvrent dans le creux d'un roc, la tempe trouée d'une balle ou écrasés par une chute de quarante mètres, on les emballe gentiment pour l'autre monde, sans souffler mot, sans faire figurer leurs noms sur aucun livre. Vous expliquez-vous maintenant ce mystère quotidien de la disparition de jeunes gens de famille, que nul ne revit jamais et que recherche la police des deux mondes.

Questionnez Edmond Blanc et sa bande; c'est là qu'il faut vous adresser, si vous désirez des renseignements exacts.

L'apologie du fameux *tombeau des secrets* pourrait être fort exactement figurée par les Blanc-Radziwill-Bonaparte.

Car ils n'ont garde d'oublier ce conseil jeté au pied de l'échafaud par un assassin illustre — leur maître — « N'avouez jamais. »

Pas n'est besoin je pense de vous dire qu'avant de jeter le cadavre à la fosse commune, on l'a consciencieusement fouillé, non pour le voler, c'est depuis longtemps chose faite, mais pour s'assurer de son identité et prendre, contre sa famille, les précautions qu'exige l'impérieuse moralité du tripot.

Quiconque, dans la principauté, signale un cadavre, touche de l'administration des jeux de Monte-Carlo une gratification.

Aussitôt la nouvelle donnée, deux argousins partent au pas de course, couvrent le corps d'un sac, le dissimulent autant que possible et montent la faction auprès de lui, pour éloigner les indiscrets.

Si le cadavre est découvert sur le rivage de la mer, sous les falaises, les gardiens le *remiseront* soit derrière un quartier de roc, soit dans l'une des bouches des égouts de la ville.

Quant à chercher à approcher, à savoir qui peut bien être la malheureuse victime du prince Honoré Ier, d'Edmond Blanc, des princes Constantin Radziwill et Roland Bonaparte, ne le tentez pas. Vous risquez l'expulsion, après l'emprisonnement sans phrases.

On ne saurait trop répéter aux naïfs qui mettent le pied dans la principauté que le Prince, son gouvernement, sa justice et sa police sont vendus à Edmond Blanc et à sa bande.

C'est l'autorité absolue dirigée par le bon plaisir. Vous pourrez crier : nul n'entendra.

Avant que le fossoyeur n'ait fait son œuvre, le très honorable et non moins sentimental Thézillat a pris connaissance des papiers du malheureux. Si c'est un pauvre diable quelconque, étranger venu de loin pour apporter son obole aux Blanc-Radziwill-Bonaparte, s'il est au moins fort probable que jamais personne ne réclamera, on escamote le macchabée, comme le prestidigitateur une muscade. On l'enterre dans un coin quelconque et, comme on dit, « ni vu ni connu ». Le tripot garde la *galette*, c'est le principal.

Quant à l'administration monégasque, à la police, au bureau des décès, encore une fois ils ne peuvent élever la voix, quand bien même un sentiment de révolte les envahirait. Le prince a ordonné qu'il en fût ainsi; Honoré Ier le Généreux et l'Alice sa compagne — ça rappelle une fable de Lafontaine — ont décidé qu'il convenait d'abdiquer tout pouvoir entre les mains — je dis mains pour être poli — de Mme Edmond Blanc, ex-femme Thomas, et de ses intègres associés.

On fait ou non mention du décès sur les registres de l'état civil, selon que l'intérêt du tripot Blanc est de cacher ou d'avouer le suicide.

Si l'administration a quelque doute, si le Thézillat craint d'engager son honorable (?) responsabilité en signant trop vite de sa qualité de croque morts un permis d'escamotage funèbre, on en réfère aux patrons. Ainsi fait-on, dans les maisons Tellier provinciales, lorsqu'un différend s'élève entre la sous-maîtresse de l'établissement et un bourgeois bien posé de la ville.

Après le conseil tenu par les rats — j'entends par là les Blanc-Radziwill-Bonaparte — au cours duquel, comme en conseil des ministres, la question est discutée, on invite télégraphiquement le célèbre Thézillat à avouer ou à nier le malheur.

S'il est nié, tout va bien pour la Roulette. S'il est avoué, rien ne va plus pour l'administration jusqu'à ce que Edmond Blanc et les princes Constantin Radziwill et Roland Bonaparte aient dans un nouveau conseil — le conseil des sinistres — arrêté la marche à suivre pour prévenir la famille du suicidé et la museler.

A cet effet, un inspecteur du tripot est désigné pour aller annoncer aux parents ou à la veuve du macchabée la bonne fortune survenue à ses honnêtes patrons. L'inspecteur a toujours quelques dehors. C'est un vieux sous-off retraité, chevalier de la Légion d'honneur; allure militaire, brusquerie bienveillante.

Il va, il arrive, et raconte aux vieux parents, que le fils a déshonorés pour Edmond Blanc, à la

veuve, que le mari a ruinée pour le prince Radziwill, un boniment quelconque. Le malheureux
n'a pas joué bien certainement... c'est un accident... un suicide? quelle idée! Aux premiers
mots du drôle, stupeur bien compréhensible.
L'absent était parti, trois jours plus tôt, en parfaite santé et en belle humeur. En vérité ce serait
à croire que le quatuor Blanc-Radziwill-Bonaparte
tue plus vite et mieux que le choléra.

Mais bientôt, les infortunés questionnent, veu-
lent tout savoir, menacent même d'esclandre,
lorsqu'ils comprennent la moitié de l'horrible
vérité.

Voici l'instant psychologique. Avec force réti-
cences, mille périphrases et des consolations sans
fin, le messager offre la restitution de la prétendue
perte subie par le joueur. Ce sera, suivant l'homme,
sa famille, la perte réelle, cinq mille, dix mille,
vingt mille francs même, c'est-à-dire rien, en
comparaison de la somme que se sont partagée le
prince Albert-Honoré et ses associés du tripot.

Souvent, trop souvent — car si les intéressés
élevaient la voix, les pouvoirs publics l'enten-
draient sans doute — la famille du suicidé, brisée
de douleur, inconsciente de la mauvaise action
qu'on lui fait commettre, se range aux avis de
l'envoyé du tripot Blanc. On accepte la somme et
on en donne reçu. Par ce reçu, qu'on ne lit pas —
a-t-on le cœur à lire, dans ces circonstances? —

on s'engage à tout, vis-à-vis de l'administration des jeux et de la principauté, qui ne font qu'un. Par ce reçu, on s'oblige à ne jamais rien réclamer; en d'autres termes, *on vend une seconde fois* le corps de son fils ou de son mari à ceux qui ont causé sa mort. Ces gens-là vivent des cadavres.

Si on manifeste le désir d'assurer une sépulture convenable au malheureux, de ramener sa dépouille dans le caveau familial, l'inspecteur objecte les difficultés administratives, l'autorisation nécessaire — et difficile à obtenir — de la France et de la principauté, les énormes frais auxquels on s'expose...

On réfléchira donc. Cependant, la cause est gagnée et l'inspecteur, tout fier du succès de sa mission, regagne Monaco en songeant que la profession de commis-voyageur pour cadavres n'est pas le plus sot des métiers.

Il arrive quelquefois que, la première douleur passée, la veuve du pauvre fou qui se tua entreprend le voyage pour voir au moins la tombe de celui qui l'a quittée.

Sa robe de laine noire, son voile de crêpe, la désignent immédiatement à tous les regards des mouchards; son nom fait le reste. A peine arrivée, elle est conduite au commissariat. Brutalement on lui demande le but de son voyage. Elle l'expose, simplement, comme vous feriez dans un pays civilisé où le culte des morts est sacré. Elle demande, la malheureuse, à connaître la tombe de son mari pour y porter des fleurs. On lui répond qu'elle ne la connaîtra pas, qu'elle ne saura jamais ni dans quel cimetière ni où on l'a enfoui, comme une charogne. Si elle insiste, on la fait taire; si elle menace, on la saisit, on la chasse et, comme une voleuse, on l'expulse de la principauté.

Voici ce que fait le gouvernement du prince Albert-Honoré Ier le Philanthrope! C'est invraisemblable et c'est vrai. Quelle honte!

Jamais, entendez-bien, *jamais la famille d'un joueur qui s'est tué dans la principauté ne peut avoir son corps. Jamais elle ne peut même connaître le lieu de la sépulture.*

Et ces gens là, prince et valets, Honoré Ier, Alice, Edmond et Camille Blanc, les princes Constantin Radziwil et Roland Bonaparte osent revendiquer le droit à l'honneur!

Je fais l'opinion publique juge de leurs crimes et j'espère que l'heure sonnera bientôt, qu'ils tomberont sous la réprobation du monde civilisé.

Venons-en aux faits.

Quelques histoires véridiques sur une des victimes du tripot de Monaco.

Nous compterons ensuite le nombre des suicides que l'administration a été dans l'impossibilité de nous cacher.

C'est tout au plus la vérité au dixième.

* *
*

L'année dernière, une jeune dame, bien connue, originaire d'une ville du Nord, entraînait chaque jour son mari à la Roulette. Le jeune ménage se reprochait cette passion un peu partagée, mais ni l'un ni l'autre des époux n'avait la force de résister. Les pertes au jeu survinrent, et la jeune femme en devint folle. On l'emmena à Paris où on dut la mettre dans une maison de santé.

Un autre exemple : un commerçant de Paris, retiré des affaires, était venu hiverner à Nice. Le malheureux était célibataire, il n'avait jamais joué; mais c'est là le danger du tripot.

Il y joua, pour débuter, un louis — il le perdit. Les jours suivants, il revint jouer : les pertes se succédèrent. Il s'y ruina complètement — comme tant d'autres — au point qu'il s'était endetté dans son hôtel. Un jour, le maître de cet hôtel réclamait avec insistance sa note à son client décavé : « Hélas! répondit celui-ci, si j'avais seulement vingt sous, j'achèterais un sac de charbon pour me suicider... » Tête de l'hôtelier, qui mit dehors, en toute hâte, son insolvable client, en le priant poliment de *porter ailleurs sa charogne (sic)*.

Un capitaine en retraite de l'armée italienne, adjoint au maire de Vintimille, M. Antonio Cassano, s'est suicidé à Menton, en se précipitant de la pointe du port dans la mer. Le pêcheur Gordolon a découvert le cadavre de ce malheureux et l'a ramené à la côte.

Le commissaire central, ayant été prévenu, s'est rendu aussitôt sur le lieu du suicide et a procédé à une enquête *sommaire*. Il a été établi que M. Cassano avait été rencontré la veille, se promenant, et ne paraissant pas jouir *de la plénitude de ses facultés*. On a trouvé dans une de ses poches une carte à son nom et sur le dos de laquelle il avait écrit et signé au crayon ces mots : « La personne qui retrouvera mon corps est priée de faire parvenir la montre que j'ai sur moi au syndic de Vintimille. »

On attribue cet acte de désespoir à des chagrins de famille et à une responsabilité morale très relative. La mère, la femme et la fille de ce malheureux sont alitées depuis longtemps en proie à une maladie des plus graves. Cassano laisse deux fils, l'un capitaine aux bataillons alpins, l'autre lieutenant d'infanterie.

Le cadavre a été transporté à l'hôpital où le docteur Ciais a procédé aux constatations médico-légales.

Le secrétaire du syndic de Vintimille, prévenu par dépêche, est arrivé à Menton dans la journée d'hier pour se faire remettre la dépouille mortelle de Cassano.

Telle est la note officieusement reptilienne que la principauté fit paraître. La vérité vraie est que le malheureux Cassano a perdu à la Roulette du quatuor Blanc-Radziwill-Bonaparte et a, en outre, gravement compromis des fonds qui ne lui appartenaient pas. Le prince Albert-Honoré — sérinissimo et ignorantissimo — et Edmond Blanc, le bien-aimé d'Alice Marot, l'autre Alice, ont dû, ce soir-là, boire le vin d'honneur à la mémoire du malheureux qui a rempli leur portefeuille.

****

J'ai vu, à une table de Roulette, un brave garçon qui, jouant toute la soirée le nº 25, gagna par un mystérieux hasard, à la fin de la soirée, la somme de 197,000 francs. Il avait, comme on dit, fait trois fois sauter la Banque.

C'est alors qu'il fallut voir la tourbe de directeurs, commissaires et valets, sous-Bertoras, doublures de Thézillat et demi Jean Bonneau, entourer cet homme phénomène, lui prodiguer les plus basses félicitations, s'enquérir au plus vite de son nom, d'où il venait et où il habitait, pour, à tout prix, ne pas le perdre et le faire revenir au pigeonnier.

Il partit le soir pour Nice, étroitement surveillé

et accompagné de deux femmes qui avaient reçu de l'administration la consigne de le ramener. Il habitait, à Nice, Hôtel National, dans les environs de la gare.

Le lendemain il revint à Monte-Carlo par le train de midi, escorté de ses deux amies. On le reçut comme un grand seigneur. Partout, sur son passage, le personnel des employés lui prodiguait force coups de casquettes et gracieux sourires.

En entrant dans les salles de jeux, quoi qu'il n'y eut pas une place vacante à la table de la Roulette, sur le signe d'un directeur au chef de partie, un Sellier quelconque se leva immédiatement et lui offrit fort gracieusement sa chaise. Une des femmes se tenait debout à sa droite, l'autre se plaça à sa gauche (il était bien chambré).

Comme la veille, il joua le n° 25, mais cette fois sans gagner. Il jetait l'or et les billets par poignées, ne comptant plus. Il perdit ce jour-là près de 100,000 francs. Il revint de nouveau le lendemain, toujours en même compagnie, et continua le même jeu mais toujours sans veine. Ayant tout perdu il se leva et partit comme un fou, sans cette fois être suivi des deux femmes qui s'éclipsèrent aussitôt et allèrent recevoir des directeurs le prix de leurs bontés.

A quelque temps de là, je revis le pauvre garçon à Monte-Carlo, errant dans les jardins, hâve et défiguré. Il me dit qu'il était revenu la veille essayer une dernière fois sa veine, que maintenant c'était bien fini, qu'il avait, hélas ! perdu tout ce qu'il possédait.

Le lendemain, j'appris qu'il s'était empoisonné dans une chambre d'hôtel à Nice.

Cet homme était un habile ouvrier mécanicien, marié et père de trois enfants. A force d'économies et de travail, il avait fondé un magasin de quincaillerie à Strasbourg, son pays natal.

Il était parti de chez lui en emportant tout l'argent, faisant croire à sa malheureuse femme qu'il allait pour affaires à Paris.

Lors de son deuxième voyage à Monte-Carlo, il avait emprunté sur son établissement ; engageant ainsi le dernier morceau de pain de sa femme et de ses enfants, qui, depuis, sont restés dans la plus profonde misère.

L'hiver dernier, une dame Russe, nouvellement mariée, en attendant son mari, se mit à jouer et perdit envîron 300,000 francs.

C'étaient le déshonneur et la misère. Elle fut alors se précipiter du haut des rochers dans la mer entre Villefranche et Beaulieu.

Mme de L..., noble et riche, passa toute une saison d'hiver à Monte-Carlo et finit par y perdre sa fortune d'abord, son honneur ensuite. Son mari la surprit en flagrant délit d'adultère, et l'aventure se termina par un drame. On se souvient encore de ce double suicide dans une villa bien connue aux environs de Cannes.

Une autre femme, Lady W..., non pas noble, mais riche de ses vingt-cinq ans et de sa beauté, et célèbre par ses nuits d'orgies.

La Roulette n'a pas cédé à ses caprices, car elle y perdit tout ce qu'elle possédait. Elle se jeta du haut d'un rocher dans la mer entre la Turbie et Beaulieu.

Cet autre Anglais, T., qui tous les quinze jours allait de Monte-Carlo à Londres et revenait chaque fois avec 50,000 francs, qu'est-il devenu ? Après avoir perdu au Trente-et-Quarante et à la Roulette toute sa fortune, s'élevant à près de 3 millions, le malheureux s'est brûlé la cervelle !

Mme veuve D. perdit au tripot d'Edmond Blanc toute sa fortune, elle aussi. Elle avait acheté une ravissante villa près de Nice, qu'elle habitait avec sa petite fille. La fortune de Mme D. s'élevait à près de 700,000 francs qui furent dévorés par la Roulette et les usuriers. Elle retourna à Lyon dans sa famille, désespérée. Quelques mois après, elle devint folle et mourut dans un asile d'aliénés. Son enfant fut élevée par les soins de l'Assistance publique.

Cet autre, baron G., le *Bienfaiteur des Dames* comme on l'appelait, a disparu lui aussi, après avoir tout laissé sur les tables du Trente-et-Quarante et de la Roulette. Il erra longtemps à Nice,

vivant d'expédients et il partit pour l'Amérique.
A New-York, on l'employa comme garçon, à bord
des bateaux faisant le service du New-Jersey.

Il fut compromis dans une affaire de vol de
marchandises, fut condamné et mourut à l'hôpital de Blackwell's Island.

Qui n'a également connu, à Monte-Carlo, Ade-
line Mark... la belle Hongroise ?

Elle occupait, à Paris, un hôtel aux Champs-
Elysées.

Sa fortune est passée dans les poches du prince
Albert-Honoré et d'Edmond Blanc. Aujourd'hui,
elle vit aux environs de Vienne, où elle traîne
une existence de honte et de misère, tendant la
main, et se plaisant à raconter à qui veut, pour
quelques florins, l'histoire de tous ses anciens
adorateurs.

Inutile d'ajouter, je pense, que je tiens à la disposition des incrédules les noms de ces malheu-
reuses victimes.

Je ne me fais pas l'écho de racontars. J'écris,
malheureusement pour les héros, une histoire
vraie.

L'année dernière, au sortir du Casino de Monte-
Carlo, par une tiède soirée, un monsieur se pro-
menait dans un de ces parterres qui dévalent
jusqu'aux bas-moulins dans l'enchantement de
leurs fleurs et de leurs parfums. Arrivé sous un
superbe olivier qui fait le centre d'un rond-point,

il s'arrête figé d'étonnement, il venait de recevoir un coup de pied dans le nez. Revenu de sa stupeur, il lève les yeux, et voit au haut d'une branche un pendu qui gigotte. Pris d'une émotion dont il fut très longtemps à se remettre, il appelle, crie au secours. Des gardiens arrivent : — Chut ! pas de bruit ! Ne dites rien ! — On décroche gentiment le pendu qui n'était plus qu'un cadavre ; on vous l'emporte mystérieusement. Le lendemain, avant le jour, le mort allait rejoindre dans le cimetière de Monaco, le vaste champ des suicidés où dorment, côte à côte, enfouis nuitamment, en cachette, sans même que la famille et les amis aient été avertis, les victimes désespérées de la Roulette et des honnêtes gens qui s'en font vingt millions de revenu annuel.

Personne n'a connu le secret qu'a emporté dans la fosse commune des suicidés le malheureux pendu.

Cependant, toutes les victimes n'en finissent pas sans bruit, le soir, dans un coin. Il y a des agonies, des râles qui se font dans le palais même du bonneteau, au milieu de la foule grouillante déjà décavée ou qui va se faire décaver ; des gens qui tiennent à se tuer sur le théâtre de leur ruine, d'autres à la table même où leur dernier écu s'est engouffré.

Il y a quelques années, la mort tragique d'une dame aurait eu un retentissement énorme sans

la façon savante dont un infernal silence est orga-
nisé autour de tous ces drames.

Elle était venue à Monte-Carlo munie de beaucoup d'argent pour y jouer. Elle le perdit ; vou-
lant se rattraper, elle fit venir petit à petit, non
seulement toute sa fortune, mais aussi celle de
ses enfants.

Tout fut englouti.

C'était une veuve : Seule au monde, en face
de sa ruine complète et celle de ses enfants ! Elle
courut à Nice consulter un avoué, se disant qu'on
ne pouvait lui prendre ainsi tout ce qu'elle avait,
que c'était une chose infâme que de l'avoir déva-
lisée, grâce à une série d'entraînements inévi-
tables. Hélas ! l'avoué lui fit comprendre qu'il y
avait peu de choses à faire et ne voulut pas se
charger d'intenter un procès contre l'inviolable
Caverne.

Elle consulta le consul de France qui conseilla
d'accepter la somme de 20,000 francs que la maison Blanc lui offrait. Ces gens-là voyant la téna-
cité de cette infortunée, ayant peur du scandale,
s'étaient décidés à rendre quelque chose.

Elle refusa, et folle de désespoir et de remords,
un beau soir elle s'empoisonna et tomba raide
morte dans l'atrium. Comme toujours son cadavre ne traîna pas. Il fut enlevé par les gardes de
l'antre de la Roulette, et l'affaire fut étouffée.

Un honnête homme qui serait pour quelque

chose, même de la façon la plus indirecte, dans une mort ou un suicide en serait affecté.

Aux princes et aux chevaliers de la Roulette, à tous ceux qui s'en engraissent, ces vulgaires accidents importent peu !

Qu'est-ce que cela leur fait qu'on se tue, pourvu qu'ils continuent à encaisser, pourvu qu'ils ne rendent pas d'argent et qu'on ne le sache pas trop !

Si on les éclabousse de sang, ils s'essuyent et la danse recommence !

Il y a quelque temps, à une table de Roulette, un joueur venait de perdre le dernier louis de sa fortune. Comme la pauvre dame de tout à l'heure, il ne lui restait plus rien. C'était la ruine complète, horrible, sans issue, et en face de lui, comme pour insulter à son désespoir, le flot des pièces d'or et des billets s'en allaient rejoindre les siens dans la profonde de l'honnête établissement.

Il ne prit même pas la peine de se lever. Assis où il était, stupéfié sur sa chaise, il tira tranquillement un revolver de sa poche, et d'un seul coup se fit sauter la tête. Son sang et sa cervelle inondèrent le tapis ; comme si tout ce qu'il avait, jusqu'aux profondeurs de son être, tout devait appartenir à la Roulette !

Ses voisins effrayés s'enfuirent. Les gardes se précipitèrent, on enleva le cadavre d'un tour de main. On s'empressa de nettoyer le tapis, ainsi qu'à un banquet dont la nappe vient d'être rougie par un convive maladroit. Deux heures après on rejouait à la même table, comme si de rien n'était, et l'honnête maison continuait à encaisser !

M. Sicard et son fils se sont suicidés dans les circonstances suivantes :

M. Adolphe Sicard, ancien directeur de banque, ruiné par la Roulette, s'en alla à Saint-Jean, où il possède une villa, et mit fin à ses jours.

En attendant l'arrivée de Mme Sicard, absente, son fils Jules, âgé de vingt-quatre ans, qui était impotent, s'occupa, avec l'aide d'amis, de mettre en ordre les papiers de son père ; puis, harassé de fatigue, il demanda à être laissé seul.

Au matin, lorsqu'on entra dans sa chambre pour l'informer que les obsèques de son père allaient avoir lieu, on fut surpris de le trouver immobile dans son lit. On souleva la couverture qui recouvrait sa tête. Le malheureux s'était tué dans la nuit en se tirant un coup de revolver dans l'oreille. La mort avait dû être instantanée.

L'ordre de surseoir aux obsèques du père fut aussitôt donné et, à dix heures, les cadavres du père et du fils étaient descendus côte à côte dans le même caveau.

Quant à Mme Sicard, arrivée de Vichy le matin,

en apprenant le nouveau malheur qui la frappait, elle a eu une crise épouvantable.

On m'a dit que, depuis ce double deuil, Mme Sicard était devenue folle.

Le 28 décembre, le cadavre d'un homme bien vêtu était trouvé sur un tas de pierres, au-dessous du pont du chemin de fer, près de l'église de Sainte-Dévote. Le cadavre était complètement défiguré.

On croit qu'il a dû se précipiter du haut du pont, c'est-à-dire faire une chute de plus de cent pieds. On n'a trouvé aucun argent sur la victime, qui sortait du salon du Casino.

La police refusa tous renseignements, bien entendu.

Une autre victime du jeu, cet hiver, et non des moins intéressantes, est un officier en garnison dans les environs de Nice, qui s'est rendu à Monte-Carlo avec 12,500 francs, destinés à la paye de sa compagnie.

L'officier a d'abord gagné 50,000 francs, puis il a tout reperdu, y compris les 12,500 francs appartenant à son régiment. Mais il avait encore confiance, et il a écrit au directeur du Casino en disant que si cet argent ne lui était pas rendu, il se brûlerait la cervelle dans la principauté de Monaco, et qu'il en résulterait un effroyable scandale.

Cette lettre a vivement impressionné le direc-

teur, M. de Thézillat, qui a conféré avec les admi-
nistrateurs, MM. Bourdoncle, Bornier et Bertora.
Ces messieurs ont longuement discuté; en raison
du cas particulier de l'officier, ils ont décidé que
celui-ci serait remboursé de l'argent qu'il avait
perdu à la condition de signer une reconnaissance
par laquelle il s'engageait à rendre la somme au
Casino par versements mensuels.

Peu de temps après, l'autorité militaire a eu
vent de l'affaire et a expédié l'officier en question
au Tonkin. Ainsi s'est terminé le scandale.

Le 8 janvier 1891, Monte-Carlo a fait une
nouvelle victime.

On a trouvé, tout près de San-Remo, le corps
d'un homme bien vêtu et de belle apparence, que
l'on avait à plusieurs reprises remarqué dans les
salons de jeu. Il s'était tué d'un coup de revolver.

On trouva sur le cadavre un billet ainsi
conçu :

« Huit cent mille roubles perdus. Je ne possède
plus rien... Que mon nom demeure ignoré. »

Ce qu'on ne dit pas, c'est que ce jeune Russe
qui possédait fort bien notre langue avait parmi
ses papiers le sonnet que voici : Je vous le donne
pour ce qu'il vaut :

> Pour payer votre garde, ô reine de féerie,
> Et les nouveaux décors de votre vieux château,
> J'ai perdu mon honneur, ma fortune et ma vie
> Enlevés brusquement par un coup de râteau.

Princesse, on vous dira : « C'est un coup de folie ! »
Vous vous en moquerez comme d'un verre d'eau.
Mais vous aurez un jour aussi votre agonie...
Ni l'or ni les croupiers ne sauvent du tombeau.

Qui sait ce que la mort aux trépassés réserve
Et ce que vous serez dans un monde meilleur
Et si, là-bas, le ponte à son tour est railleur ?

Mais s'il faut que ma mort à quelque chose serve
Vous femme, vous princesse, ayez quelque remords,
Et ne vous dites plus : « Vive l'argent des morts ! »

Pauvre garçon, qui comptait sur les remords de la princesse de la Roulette ! Digne associée d'Edmond Blanc, des princes Constantin Radziwill et Roland Bonaparte, Alice Ire est une épouse obéissante. Son mari lui ordonne d'encaisser, elle encaisse.

Si jamais la débine vient pour elle, une place de caissière chez Duval me paraît devoir lui être réservée. Elle l'aura bien méritée, la pauvre !...

*
* *

Terminons cette lugubre énumération par une lettre de M. le baron Nicolas de R..., dont voici quelques extraits.

Monsieur,

Le 13 décembre 1890 je suis arrivé à Nice. Je revenais de la Sibérie occidentale.

J'ai été témoin, au tripot de Monte-Carlo, de plus d'un suicide :

Si vous le permettez, je vais vous parler de quelques *morts subites.*

Le 22 mars 1876, au café de Paris, un jeune Russe, nommé Jourkoff, s'est tiré un coup de revolver dans la bouche. Ce malheureux venait de perdre tout ce qu'il possédait.

Le lendemain on est venu réclamer son corps.

Les autorités de Monte-Carlo ont feint d'ignorer ce suicide et ont renvoyé les parents du disparu en prétextant qu'aucun homme ne s'était tué sur leur territoire.

La famille de Jourkoff s'est alors adressée au consul de Russie.

Quelques jours après, le corps du suicidé était rendu, mais il était absolument méconnaissable, on l'avait défiguré avec du vitriol.

Afin que vous ne puissiez douter de ce que j'avance, j'ajouterai que les personnes qui, comme moi, ont été témoins de ces faits, sont M. le consul Patton, actuellement à Nice, rue de France, 76, et M. Théodore Goulaeff, attaché à l'église russe de Nice.

Autres suicides : En 1884, le prince Obolensky s'est tué à Monte-Carlo.

Toutes les recherches faites par le consulat de Russie pour retrouver son corps sont demeurées infructueuses.

En 1867, un capitaine russe, Nekracoff, s'est suicidé au jardin du Casino.

Les autorités monégasques ont trasporté le suicidé au cap Saint-Martin, après avoir eu soin de mettre *deux cents francs* dans les poches du mort.

Que dites-vous de ce petit truc?

Est-ce assez habile?

*
* *

Un dernier mot.

Sous prétexte de rémunérer les *employés* français des postes et des chemins de fer, dont le service est rendu très pénible par l'affluence des visiteurs, l'administration du tripot de Monte-Carlo accorde une gratification de cent francs par mois.

O bons petits cœurs de croupiers! allez-vous vous écrier tout ému. Gardez-vous d'un bon mouvement pour ces gens-là et ne faites pas de sentiment avec qui fait de l'argent.

Les Blanc-Radziwill-Bonaparte ne sont pas gens à donner des gratifications à qui ne les servirait pas personnellement. Au surplus, le mot : *gratification* n'est-il que le déguisement qui cache la *prime à la malhonnêteté.*

On paye les employés des postes pour arrêter à la frontière les ballots d'imprimés soupçonnés et les lettres qui ne paraissent pas monégasques.

On paye les employés du chemin de fer pour s'assurer leur discrétion, chaque fois qu'un joueur désespéré se jette sous la locomotive, ou qu'un ponte ruiné est reconduit hors du territoire sacré — sacré territoire! — par deux mouchards. La seule religion reconnue à Monte-Carlo, même par l'évêque Theuret — connu pour ses pratiques austères avec Bianca — est la religion du silence.

Les frais de ce culte-là coûtent cher au quatuor Blanc sans doute. Qu'importe si l'argent habilement distribué produit des bénéfices au taux de cent mille pour cent!

Le principal est d'obtenir, pour l'accomplissement de leurs crimes, la complicité générale. Ils y parviennent par la puissance de l'or.

CONCLUSION

Le lecteur qui m'a fait l'honneur de me suivre jusqu'à la dernière page de cette brochure, peut juger maintenant en toute impartialité.

Les pièces où j'ai puisé mes renseignements ont l'authenticité indiscutable des actes de l'état civil, des rapports officiels de police et des lettres intimes. Je les tiens à la disposition des incrédules. Si besoin en était des témoins irrécusables m'apporteraient l'autorité de leur témoignage.

Le lecteur a pu suivre par le menu l'organisation de cette néfaste machine à fondre la fortune du malheureux qu'attire une réclame éhontée. Il a vu, en même temps, en quelle estime l'honnête homme doit tenir le prince de Monaco, les héritiers de François Blanc et les auxiliaires divers qui forment, dans cette cour des miracles, la meute de ces chasseurs d'or.

Le prince de Monaco vit de la Roulette.

Il a couronné les forfaits de sa vie privée du crime de bigamie.

Le prince Constantin Radziwill, dont je ne rappellerai pas les mœurs, a tenté d'extorquer à sa femme ses bijoux et de les faire vendre pour son propre compte. Jadis, à Berlin et à Bruxelles, il avait vécu des libéralités des filles galantes. Son mariage bâclé, il avait besoin d'assurer la discrétion de ses petites amies de la veille. L'argent de sa femme était bon pour cet usage.

M. Edmond Blanc vit en concubinage pendant plusieurs années avec une femme mariée à un condamné, mère de famille en outre. Elle divorce; il l'épouse. Il achète sa croix, fausse les résultats des courses, devient pourtant maire de La Celle-Saint-Cloud et brigue un siège au Parlement. L'ancien amant d'Alice Marot préside aux mariages de ses concitoyens et elle-même prétend forcer l'estime du monde en affectant de patronner des œuvres de charité.

Le prince Roland Bonaparte, né Ruflin, n'est qu'un savant.

Il a appris ce qu'il sait en falsifiant la signature de son ancien professeur de français, M. Mignonney. Comme son beau-frère, le prince Radziwill, il tira profit de ses relations amoureuses, par la main gauche, avec la jolie L..., par la main droite avec sa seconde victime, sa femme.

Sous l'inspiration de ces quatres personnages, des sous-ordres aux origines douteuses, aux exploits malhonnêtes, Farincourt, Thézillat, Theuret, Bertora, Bonneau, jettent l'épervier sur la foule.

Les mailles en sont serrées ; le filet ramasse tout, familles, fortunes, honneur. La bande verse le tout dans la boîte de ses ordures, garde l'or et jette au fumier le reste.

Plusieurs centaines de millions roulent ainsi par an, dans le coffre-fort des associés de Monte-Carlo.

Et le prince s'engraisse ; et les héritiers Blanc exultent ; et les femmes, compagnes assorties de ces chevaliers d'industrie, se posent en reines.

Des milliers de familles sont ruinées par eux et pour eux.

Les désespérés se tuent par centaines. Que leur importe ! les affaires marchent, leur coffre-fort s'emplit, s'emplit toujours. La veuve peut tendre la main, l'orphelin peut mourir de faim.

Qu'ils crèvent donc, et vive la Roulette !

Monte-Carlo, à la fin de notre siècle, est une honte. Et le défi que jette au monde, depuis trente ans, la principauté de Monaco doit être relevé.

Les honnêtes gens sont légion. Qu'ils se lèvent et qu'ils marchent résolument sus au tripot. Leur clameur d'indignation sera entendue. Quelle rende gorge enfin cette poignée de forbans qui coûtent à l'univers plus de misères et de larmes que les plus meurtrières batailles.

Ce sera l'honneur de notre siècle et la plus pure gloire de notre pays.

FIN

PÉTITION INTERNATIONALE

POUR LA FERMETURE DES SALLES DE JEUX

DE MONTE-CARLO

(¹) . . . . . *Je soussigné :*

....

demeurant à ....

invite le Gouvernement français à sommer le prince régnant de Monaco de défendre les jeux de hasard sur son territoire et d'exiger la fermeture immédiate des salles de jeux de Monte-Carlo.

Je donne à **M. P. Dumont** *mandat de transmettre la présente pétition à qui de droit.*

A ...., *le* .... 189......

Signature :

---

(1) Noms et prénoms.

Détacher cette feuille et l'expédier à M. P. DUMONT,
publiciste, 2, rue des Pyramides, Paris.

TABLE DES MATIÈRES

Imp. du Progrès. — CH. LÉPICE, 7, r. du Bois. Asnières.

[illegible]
[illegible]
[illegible]
[illegible]
[illegible]
[illegible]
[illegible]
[illegible]
[illegible]
[illegible]